Dr. Oetker

APFEL KUCHEN

Dr. Oetker

APFEL KUCHEN

Dr. Oetker Verlag

VORWORT

Herbst ist Apfelkuchenzeit. Knackig oder mürbe, süß oder säuerlich, wunderbar grün oder mit roten Bäckchen. – Wenn die neue Ernte da ist, wecken Boskop, Elstar, Braeburn und all die mittlerweile unbekannten Sorten, die im eigenen Garten an den Bäumen hängen, Lust auf frisch gebackenen Apfelkuchen. Egal ob klassisch-gedeckt vom Blech, mit knusprigen Streuseln aus der Springform oder als Strudelsäckchen mit Filoteig. Hier findet jeder seine Lieblingsinterpretation des Kuchenklassikers.

Wer es schon zum Frühstück süß mag, genießt mit einem Stück Müsli-Apfelkuchen die Kombi aus Müsli und Kuchen. Bei der Marshmallow-Apfeltorte bleibt der Ofen außen vor: Der Boden wird aus Vollkorn-Butterkeksen gebröselt und die Apfel-Füllung dann im Kühlschrank fest. Etwas Zitronenmelisse verleiht Raffinesse und sommerliche Leichtigkeit. Dem französischen Klassiker Tarte Tatin haben wir farblich und geschmacklich mit orange-roten Süßkartoffeln und aromatischem Rosmarin ein Upgrade verpasst. Dazu noch eine Kugel Vanilleeis und die Tarte wird zum beeindruckenden Dessert eines edlen Drei-Gänge-Menüs.

Für die kleine Runde oder einfach Lust auf mehr Abwechslung gibt es Kuchen- und Tortenglück in Größe S: Apfelmus-Torte mit Schneehaube, Apfeltorte à la Linzer oder – eine wahre Augenweide – Apfel-Gin-Torte. Voll im Trend liegen Sie mit unseren Kleingebäck-Kreationen, wobei auch hier gilt: Ob Cupcakes, Cakepops oder Whoppies, der Apfel spielt die Hauptrolle.

Alle Rezepte wurden von uns ausprobiert und so beschrieben, dass sie Ihnen sicher gelingen.

6 MÜSLI-APFELKUCHEN 16 STÜCKE

PRO STÜCK: E: 6 g, F: 18 g, Kh: 36 g, kJ: 1371, kcal: 327, BE: 3,0
ZUBEREITUNGSZEIT: 40 Minuten, ohne Abkühlzeit
BACKZEIT: etwa 45 Minuten

FRÜHSTÜCKSKUCHEN

FÜR DEN RÜHRTEIG:
1 Apfel (200 g)
250 g Butter (zimmerwarm)
200 g brauner Zucker
1 Prise Salz
5 Eier (Größe M)
120 g kernige Haferflocken
180 g Weizenmehl
2 gestr. TL Dr. Oetker Backin

FÜR DAS TOPPING:
3 EL kernige Haferflocken
1 EL Zucker
1 EL Butter
1 Apfel (200 g)
250 g Joghurt (1,5 % Fett)
1–2 EL flüssiger Honig
100 g Knusper-Früchte-Müsli (weniger süß)

---

1. Für den Teig den Apfel schälen, vierteln und entkernen. Die Apfelviertel grob raspeln.

2. Den Backofen vorheizen.
Ober-/Unterhitze: etwa 200 °C
Heißluft: etwa 180 °C

3. Die sehr weiche Butter mit einem Mixer (Rührstäbe) auf höchster Stufe geschmeidig rühren. Nach und nach Zucker und Salz unterrühren. So lange rühren, bis eine gebundene Masse entstanden ist.

4. Eier nach und nach unterrühren (jedes Ei etwa ½ Minute). Haferflocken mit Mehl und Backpulver mischen und mit einem Schneebesen unter die Butter-Ei-Masse heben. Zuletzt die Apfelraspel kurz unterheben.

5. Den Teig in eine Springform (Ø 26 cm, Boden gefettet, mit Backpapier belegt) geben und glatt streichen. Die Form auf dem Rost in den vorgeheizten Backofen schieben. Den Apfelkuchen **etwa 45 Minuten backen.**

6. Die Form auf einen Kuchenrost stellen. Den Springformrand vorsichtig lösen und entfernen. Den Müsli-Apfelkuchen auf dem Springformboden auf dem Kuchenrost erkalten lassen.

7. Für das Topping Haferflocken mit Zucker und Butter in eine Pfanne geben und unter ständigem Rühren goldbraun rösten. Die Haferflocken auf einen Teller geben und abkühlen lassen.

8. Den Apfel schälen, vierteln und entkernen. Die Apfelviertel grob raspeln. In einer Schüssel Apfelraspel mit Joghurt mischen. Den Honig und das Müsli unterheben.

9. Den Apfelkuchen vorsichtig vom Springformboden lösen, das Backpapier entfernen. Den Kuchen auf eine Kuchenplatte setzen. Das Müsli auf dem Apfelkuchen verteilen und mit Haferflocken bestreuen.

Tipp: Der Apfelkuchen schmeckt gut durchgezogen am nächsten Tag noch mal so gut.

8 APFEL-ZITRONEN-KUCHEN 16 STÜCKE

PRO STÜCK: E: 5 g, F: 17 g, Kh: 47 g, kJ: 1527, kcal: 365, BE: 4,0
ZUBEREITUNGSZEIT: 50 Minuten, ohne Abkühlzeit
BACKZEIT: etwa 60 Minuten

ZITRONIG-FRISCH

FÜR DIE ZITRONENCREME:

4–6 Zitronen, davon **3** Bio-Zitronen (unbehandelt, ungewachst)

150 g Zucker
30 g Speisestärke
3 EL Wasser
2 Eigelb (Größe M)
800 g Äpfel, z. B. Elstar
etwas Zitronensaft zum Beträufeln

FÜR DEN RÜHRTEIG:

250 g Butter oder Margarine (zimmerwarm)
180 g Zucker
1 Pck. Dr. Oetker Vanillin-Zucker
4 Eier (Größe M)
2 Eiweiß (Größe M)
300 g Weizenmehl
2 gestr. TL Dr. Oetker Backin
50 g Zucker
30–50 g gehobelte Mandeln
30 g Puderzucker

1. Für die Creme Bio-Zitronen heiß abwaschen, abtrocknen und die Schale fein abreiben. Alle Zitronen halbieren und den Saft auspressen. Von dem Zitronensaft 200 ml abmessen, mit Wasser auf 300 ml auffüllen und in einen Topf geben. Zitronenschale und Zucker unterrühren. Den Saft unter Rühren zum Kochen bringen.

2. Speisestärke mit Wasser anrühren. Die angerührte Speisestärke in den von der Kochstelle genommenen Zironensaft rühren und unter Rühren aufkochen lassen. Den Topf wieder von der Kochstelle nehmen. Das Eigelb verquirlen und in die heiße Sauce rühren. Die Zitronencreme etwas abkühlen lassen.

3. In der Zwischenzeit Äpfel schälen, vierteln und entkernen. Apfelviertel nochmals längs durchschneiden und mit Zitronensaft beträufeln.

4. Den Backofen vorheizen.
Ober-/Unterhitze: etwa 180 °C
Heißluft: etwa 160 °C

5. Für den Teig Butter oder Margarine mit einem Mixer (Rührstäbe) auf höchster Stufe geschmeidig rühren. Nach und nach Zucker und Vanillin-Zucker unterrühren. So lange rühren, bis eine gebundene Masse entstanden ist.

6. Eier und Eiweiß nach und nach unterrühren (jedes Ei/Eiweiß etwa ½ Minute). Mehl mit Backpulver mischen und in 2 Portionen auf mittlerer Stufe kurz unterrühren.

7. Den Teig in eine Springform (Ø 28 cm, Boden gefettet, mit Backpapier belegt) geben und glatt streichen, dabei einen dünnen Teigrand mit einem Löffel etwa 1 cm am Rand hochziehen, damit die Füllung nicht ausläuft. Die Zitronencreme auf dem Teig verteilen und glatt streichen. Die Apfelspalten darauflegen, mit Zucker und Mandeln bestreuen. Die Form auf dem Rost in den vorgeheizten Backofen schieben. Den Apfel-Zitronen-Kuchen **etwa 60 Minuten backen.**

8. Die Form auf einen Kuchenrost stellen. Den Kuchen etwa 15 Minuten in der Form abkühlen lassen, dann aus der Form lösen und auf dem Kuchenrost erkalten lassen. Den Kuchen mit Puderzucker bestäuben.

10 ROSETTEN-APFELKUCHEN 16 STÜCKE

PRO STÜCK: E: 5 g, F: 10 g, Kh: 34 g, kJ: 1056, kcal: 252, BE: 3,0
ZUBEREITUNGSZEIT: 40 Minuten, ohne Teiggeh- und Abkühlzeit
BACKZEIT: 35–40 Minuten

HEFELOCKER

FÜR DEN HEFE-VORTEIG:

350 g Weizenmehl
30 g frische Hefe
150 ml Milch (1,5 % Fett, zimmerwarm)
20 g Zucker

FÜR DIE FÜLLUNG:

80 g Sultaninen
6 EL Apfelsaft
3–4 EL flüssiger Honig
2 Äpfel (400 g)
80 g Crème fraîche
1 Eiweiß (Größe M)
120 g gem. Haselnusskerne

FÜR DEN HEFETEIG:

2 Prisen Salz
1 Eigelb (Größe M)
60 g Butter (zimmerwarm)
etwas Milch zum Bestreichen

AUSSERDEM:

150 g Apfel- oder Quittengelee
3 EL Wasser

1. Für den Teig Mehl in eine Rührschüssel geben und in die Mitte eine Vertiefung eindrücken. Hefe hineinbröckeln, mit etwas von der Milch und von dem Zucker verrühren, dann etwa 15 Minuten stehen lassen.

2. Für die Füllung in der Zwischenzeit Sultaninen, Saft und Honig in eine Schüssel geben. Äpfel schälen, vierteln und entkernen. Äpfel in 3 mm dicke Scheiben schneiden, unter die Sultaninenmischung heben.

3. Crème fraîche mit Eiweiß kurz verschlagen und unter die Apfel-Sultaninen-Masse rühren. Zuletzt die Nüsse unter die Füllung rühren.

4. Für den Hefeteig die restlichen Zutaten (mit restlicher Milch und restlichem Zucker) zum Vorteig geben und mit einem Mixer (Knethaken) zunächst kurz auf niedrigster, dann auf höchster Stufe in etwa 5 Minuten zu einem glatten Teig verarbeiten. Den Teig zugedeckt so lange an einem warmen Ort gehen lassen, bis er sich sichtbar vergrößert hat, etwa 30 Minuten.

5. Hefeteig auf einer leicht bemehlten Arbeitsfläche flach drücken (nicht kneten) und zu einem Rechteck (etwa 42 x 30 cm) ausrollen. Die Füllung auf den Teig geben und gleichmäßig verstreichen, dabei unten und oben 4 cm Rand freilassen. Die Ränder mit etwas Milch bestreichen.

6. Den Teig von der längeren Seite aus aufrollen. Die Teigrolle in etwa 12 gleich große Scheiben schneiden. Die Teigscheiben mit der Schnittseite nach oben in eine Springform (Ø 26 cm, Boden gefettet) setzen. Die Teigrosetten mit etwas Milch bestreichen und zugedeckt nochmals so lange an einem warmen Ort gehen lassen, bis sie sich sichtbar vergrößert haben, etwa 30 Minuten.

7. Den Backofen vorheizen.
Ober-/Unterhitze: etwa 180 °C
Heißluft: etwa 160 °C

8. Die Form auf dem Rost in den vorgeheizten Backofen schieben. Den Rosettenkuchen **35–40 Minuten backen.**

9. Die Form auf einen Kuchenrost stellen. Den Rosettenkuchen in der Form etwa 60 Minuten abkühlen lassen.

10. Gelee mit Wasser in einem Topf verrühren und aufkochen lassen. Den Rosettenkuchen aus der Form lösen und mit dem heißen Gelee bestreichen.

Tipps: Servieren Sie dazu eine **Eierlikörsahne:** Dafür 300 g Schlagsahne (mind. 30 % Fett) mit 1 Päckchen Sahnesteif und 1 Teelöffel Zucker nicht ganz steif schlagen. Anschließend 50 ml Eierlikör mit einem Löffel kurz unter die Sahne heben.
Weichen Sie die Sultaninen nicht in Apfelsaft, sondern in der gleichen Menge Rum ein.

12 APFELKUCHEN MIT STREUSELN 12 STÜCKE

PRO STÜCK: E: 6 g, F: 16 g, Kh: 45 g, kJ: 1465, kcal: 350, BE: 3,5
ZUBEREITUNGSZEIT: 50 Minuten
BACKZEIT: 45–50 Minuten

ECHTER KLASSIKER

FÜR DEN RÜHRTEIG:

150 g Butter oder Margarine (zimmerwarm)
150 g Zucker
1 Pck. Dr. Oetker Bourbon-Vanille-Zucker
1 Msp. gem. Zimt
1 Msp. gem. Koriander
½ Pck. Dr. Oetker Finesse Orangenschalen-Aroma
4 Eier (Größe M)
250 g Weizenmehl
2 gestr. TL Dr. Oetker Backin
2 EL Milch

FÜR DEN BELAG:

etwa 750 g mürbe Äpfel, z. B. Glockenapfel

FÜR DIE STREUSEL:

75 g Weizenmehl
1 geh. EL abgezogene, gem. Mandeln
30 g Zucker
1 Msp. gem. Zimt
40 g Butter oder Margarine

ZUM APRIKOTIEREN:

2 EL Aprikosenkonfitüre
2 TL Wasser

1. Für den Teig Butter oder Margarine mit einem Mixer (Rührstäbe) auf höchster Stufe geschmeidig rühren. Nach und nach Zucker, Vanille-Zucker, Zimt, Koriander und Aroma unterrühren. So lange rühren, bis eine gebundene Masse entstanden ist.

2. Eier nach und nach unterrühren (jedes Ei etwa ½ Minute). Mehl mit Backpulver mischen und abwechselnd mit der Milch in 2 Portionen auf mittlerer Stufe kurz unterrühren.

3. Den Teig in eine Springform (Ø 28 cm, Boden gefettet) geben und glatt streichen.

4. Den Backofen vorheizen.
Ober-/Unterhitze: etwa 180 °C
Heißluft: etwa 160 °C

5. Für den Belag Äpfel schälen, vierteln und entkernen. Apfelviertel mehrmals der Länge nach einschneiden und kranzförmig auf den Teig legen.

6. Für die Streusel Mehl in eine Rührschüssel geben. Restliche Zutaten hinzufügen und mit dem Mixer (Rührstäbe) zunächst kurz auf niedrigster, dann auf höchster Stufe zu Streuseln von gewünschter Größe verarbeiten. Die Teigstreusel auf den Apfelstücken verteilen.

7. Die Form auf dem Rost in den vorgeheizten Backofen schieben. Den Apfelkuchen **45–50 Minuten backen.**

8. Die Form auf einen Kuchenrost stellen.

9. Zum Aprikotieren die Konfitüre durch ein Sieb streichen und mit dem Wasser in einem kleinen Topf unter Rühren einkochen lassen. Den Apfelkuchen damit bestreichen und erkalten lassen.

14 APFEL-QUICHE MIT MANDELN 12 STÜCKE

PRO STÜCK: E: 3 g, F: 10 g, Kh: 13 g, kJ: 651, kcal: 156, BE: 1,0
ZUBEREITUNGSZEIT: 30 Minuten, ohne Auftauzeit
BACKZEIT: etwa 20 Minuten

PERFEKT MIT VANILLE-EIS

225 g TK-Blätterteig
2 süß-sauere Äpfel, z. B. Cox Orange
125 g Schlagsahne
2 Eier (Größe M)
2 EL Zucker
1 Pck. Dr. Oetker Finesse Geriebene Zitronenschale
1 Pck. Dr. Oetker Bourbon-Vanille-Zucker
2–3 EL gehobelte Mandeln
1 EL Puderzucker zum Bestäuben

1. Den Blätterteig nach Packungsanleitung auftauen lassen. Die aufgetauten Platten aufeinanderlegen und zu einer runden Platte (Ø 32–34 cm) ausrollen. Die Teigplatte so in eine Springform (Ø 26 cm, gefettet, mit kaltem Wasser besprenkelt) legen, dass der Rand leicht überlappt. Den Rand etwas andrücken.

2. Den Backofen vorheizen.
Ober-/Unterhitze: etwa 200 °C
Heißluft: etwa 180 °C

3. Die Äpfel schälen, halbieren und entkernen. Die Apfelhälften in dünne Scheiben schneiden und dachziegelartig auf dem Blätterteigboden verteilen.

4. Sahne mit Eiern, Zucker, Zitronenschale und Vanille-Zucker verquirlen und über die ausgelegten Apfelscheiben gießen. Die Oberfläche mit Mandeln bestreuen. Die Form auf dem Rost in den vorgeheizten Backofen schieben. Die Quiche **etwa 20 Minuten backen.**

5. Die Form auf einen Kuchenrost stellen. Die Quiche etwas abkühlen lassen, dann den überhängenden Rand abschneiden. Die Quiche vorsichtig aus der Form lösen, mit Puderzucker bestäuben und am besten lauwarm servieren.

16 TARTE TATIN 12 STÜCKE

PRO STÜCK: E: 3 g, F: 14 g, Kh: 30 g, kJ: 1081, kcal: 258, BE: 2,5
ZUBEREITUNGSZEIT: 40 Minuten, ohne Ruhe- und Abkühlzeit
BACKZEIT: etwa 25 Minuten

MIT SÜSSKARTOFFELN

FÜR DEN KNETTEIG:
100 g Butter oder Margarine
150 g Weizenmehl
5–6 EL Wasser
1 Eigelb (Größe M)
2 Prisen Salz
60 g abgezogene, gem. Mandeln

FÜR DIE FÜLLUNG:
150 g Zucker
2 EL Butter (zimmerwarm)
300 g Süßkartoffeln, rotfleischig
1 Stängel Rosmarin
1–2 Äpfel (etwa 300 g)
2–3 EL Zitronensaft

---

1. Für den Teig Butter oder Margarine in kleine Stücke schneiden. Mehl mit zunächst 5 Esslöffeln Wasser in eine Rührschüssel geben. Restliche Zutaten mit der Butter oder Margarine hinzufügen und mit einem Mixer (Knethaken) zunächst kurz auf niedrigster, dann auf höchster Stufe gut durcharbeiten. Sollte die Masse zu bröselig sein, noch 1 Esslöffel Wasser unterkneten. Anschließend auf einer leicht bemehlten Arbeitsfläche zu einem Teig verkneten. Den Teig in Frischhaltefolie gewickelt etwa 30 Minuten in den Kühlschrank legen.

2. Für die Füllung in der Zwischenzeit Zucker in einem Edelstahltopf bei mittlerer Hitze nach und nach goldbraun karamellisieren lassen. Die Butter gut unterrühren. Die Masse in einer Tarte- oder Pieform ohne herausnehmbaren Boden (Ø 28 cm, gefettet) gleichmäßig verteilen.

3. Die Süßkartoffeln abspülen, abtrocknen, schälen und in ½ cm dicke Scheiben schneiden. Rosmarin abspülen, trocken tupfen und die Nadeln von dem Stängel zupfen. Äpfel schälen, vierteln und entkernen. Die Apfelviertel in etwa 1 cm dicke Spalten schneiden.

4. Süßkartoffeln, Rosmarin und Äpfel mit Zitronensaft beträufeln und in der Form auf dem Karamellbelag gleichmäßig verteilen.

5. Den Teig flach drücken (nicht durchkneten!) und auf der leicht bemehlten Arbeitsfläche 4–5 mm dick ausrollen. Aus der Teigplatte einen Kreis (Ø 29 cm) ausschneiden. Den restlichen Teig zu einer dünnen Rolle (Ø 8 mm) formen und an den Formrand legen (nicht andrücken). Den Teigkreis auf die Süßkartoffel-Apfel-Füllung legen, gut festdrücken und mit einer Gabel mehrmals einstechen. Die Tarte etwa 20 Minuten ruhen lassen.

6. Den Backofen vorheizen.
Ober-/Unterhitze: etwa 200 °C
Heißluft: etwa 180 °C

7. Die Form auf dem Rost in den vorgeheizten Backofen schieben. Die Tarte Tatin **etwa 25 Minuten backen.** Nach Ende der Backzeit mit einem Holzstäbchen testen, ob die Süßkartoffeln auch weich sind.

8. Die Form auf einen Kuchenrost stellen. Tarte Tatin etwa 10 Minuten abkühlen lassen, anschließend mit einem kleinen Messer vorsichtig vom Formrand lösen und auf eine Tortenplatte (am besten mit Rand) stürzen. Achtung: Dabei kann heißer Karamellsaft aus der Form laufen!

Tipps: Die Tarte Tatin schmeckt am besten lauwarm als Dessert, zum Beispiel mit einer Kugel Vanilleeis. Wenn Sie keinen Rosmarin zur Hand haben, können Sie ihn einfach weglassen.

18 CORNFLAKES-KNUSPERKUCHEN 16 STÜCKE

PRO STÜCK: E: 3 g, F: 13 g, Kh: 28 g, kJ: 1008, kcal: 241, BE: 2,5
ZUBEREITUNGSZEIT: 30 Minuten, ohne Abkühlzeit
BACKZEIT: etwa 38 Minuten

ORIGINELL & EINFACH

FÜR DEN TEIG:

2–3 Äpfel (etwa 400 g)
100 g neutrales Speiseöl, z. B. Sonnenblumenöl
100 g Zucker
3 Eier (Größe M)
150 g Joghurt (1,5 % Fett)
150 g Weizenmehl
1 Pck. Dr. Oetker Backin

FÜR DEN KNUSPERBELAG:

100 g Zucker
100 g Butter
2 EL Milch
2 EL flüssiger Honig
80 g Cornflakes

1. Für den Teig die Äpfel schälen, vierteln und entkernen. Die Apfelviertel in etwa 1 cm dicke Spalten schneiden.

2. Den Backofen vorheizen.
Ober-/Unterhitze: etwa 200 °C
Heißluft: etwa 180 °C

3. Das Speiseöl mit dem Zucker, den Eiern und dem Joghurt in eine Rührschüssel geben. Die Zutaten mit dem Mixer (Rührstäbe) auf mittlerer Stufe etwa 1 Minute verrühren.

4. Mehl mit Backpulver mischen, auf die Joghurtmasse sieben und kurz unterrühren. Den Teig in eine Springform (Ø 26 cm, Boden gefettet, mit Backpapier belegt) geben und glatt streichen. Die Apfelspalten dicht an dicht auf dem Teig verteilen.

5. Die Form auf dem Rost in den vorgeheizten Backofen schieben. Den Apfelkuchen **etwa 30 Minuten backen.**

6. Für den Belag in der Zwischenzeit Zucker mit Butter, Milch und Honig in einen Topf geben und etwa 1 Minute kochen lassen. Die Cornflakes unterrühren. Den Topf von der Kochstelle nehmen.

7. Die Form auf einen Kuchenrost stellen. Die Cornflakesmasse gleichmäßig auf dem Apfelkuchen verteilen. Die Form wieder auf dem Rost in den heißen Backofen schieben. Den Apfelkuchen **bei gleicher Backofentemperatur in etwa 8 Minuten fertig backen.**

8. Die Form auf einen Kuchenrost stellen. Den Kuchen erkalten lassen, dann vorsichtig aus der Form lösen und auf eine Kuchenplatte setzen.

Tipp: Frisch gebacken schmeckt der Cornflakes-Knusperkuchen am besten.

20 APFEL-MOHN-KUCHEN 16 STÜCKE

PRO STÜCK: E: 5 g, F: 16 g, Kh: 39 g, kJ: 1349, kcal: 323, BE: 3,0
ZUBEREITUNGSZEIT: 60 Minuten, ohne Kühlzeit
BACKZEIT: etwa 55 Minuten

GLÜCKSGEFÜHLE GARANTIERT

FÜR DEN KNETTEIG:

300 g Weizenmehl
1 gestr. TL Dr. Oetker Backin
125 g Zucker
1 Pck. Dr. Oetker Vanillin-Zucker
1 Prise Salz
1 Ei (Größe M)
170 g Butter (zimmerwarm)

FÜR DIE FÜLLUNG:

1 kg Äpfel, z. B. Boskop
50 g Zucker
1 Msp. gem. Zimt
2 EL Zitronensaft
1 Pck. Dr. Oetker Finesse Geriebene Zitronenschale
100 g gehobelte Haselnusskerne
1 Ei (Größe M)
1 Pck. Dr. Oetker Vanillin-Zucker
250 g Mohn-Back (backfertige Mohnfüllung)

---

1. Für den Teig Mehl mit Backpulver in einer Rührschüssel mischen. Restliche Zutaten hinzufügen und mit einem Mixer (Knethaken) zunächst kurz auf niedrigster, dann auf höchster Stufe gut durcharbeiten. Anschließend auf einer leicht bemehlten Arbeitsfläche kurz zu einem Teig verkneten. Den Teig in 3 gleich große Portionen teilen, einzeln in Frischhaltefolie wickeln und etwa 60 Minuten in den Kühlschrank legen.

2. Für die Füllung in der Zwischenzeit die Äpfel schälen, vierteln und entkernen. Die Viertel quer in dünne Scheiben schneiden. Apfelscheiben mit Zucker, Zimt, Zitronensaft und -schale in einem Topf mischen und zugedeckt bei schwacher Hitze etwa 5 Minuten dünsten, dabei zwischendurch umrühren. Die Apfelmasse abkühlen lassen.

3. Die Nusskerne in einer Pfanne ohne Fett unter Wenden goldbraun rösten und auf einen Teller geben.

4. Den Backofen vorheizen.
Ober-/Unterhitze: etwa 180 °C
Heißluft: etwa 160 °C

5. Eine Portion Teig auf dem Boden einer Springform (Ø 26 cm, gefettet) ausrollen und mit einer Gabel mehrmals einstechen. Den Springformrand darumstellen. Die Form auf dem Rost in den vorgeheizten Backofen schieben. Den Teigboden **etwa 10 Minuten vorbacken.**

6. Die Form auf einen Kuchenrost stellen. Den Teigboden etwas abkühlen lassen.

7. Die zweite Portion Teig zu einer langen Rolle formen, auf den vorgebackenen Boden legen und so an die Form drücken, dass ein etwa 4 cm hoher Rand entsteht.

8. Das Ei mit dem Vanillin-Zucker mit dem Mixer (Rührstäbe) aufschlagen. Mohn-Back und drei Viertel der gerösteten Nüsse unterrühren. Die Mohn-Masse auf den Teigboden geben und glatt streichen. Die restlichen Nüsse unter die Apfelmasse mischen. Die Apfelmasse auf der Mohn-Masse verteilen.

9. Die letzte Portion Teig zu einer runden Platte (Ø 26 cm) ausrollen. Die Teigplatte mit einem Teigrädchen in etwa

1 ½ cm breite Streifen schneiden. Diese gitterförmig auf die Füllung legen. Den überstehenden Teigrand mit dem Teigrädchen abschneiden.

10. Die Form wieder in den heißen Backofen schieben. Den Kuchen **bei gleicher Backofentemperatur in etwa 45 Minuten fertig backen.**

11. Die Form auf einen Kuchenrost stellen. Den Kuchen etwa 10 Minuten abkühlen lassen, dann den Springformrand vorsichtig entfernen. Den Kuchen vom Springformboden lösen, aber darauf erkalten lassen.

22 BESCHWIPSTER APFELKUCHEN 12 STÜCKE

PRO STÜCK: E: 4 g, F: 16 g, Kh: 41 g, kJ: 1369, kcal: 327, BE: 3,5
ZUBEREITUNGSZEIT: 50 Minuten, ohne Kühlzeit
BACKZEIT: etwa 35 Minuten

MIT CALVADOS

ZUM VORBEREITEN:
5 kleine Äpfel (700 g)
80 ml Calvados
150 ml Apfelsaft

FÜR DEN KNETTEIG:
220 g Weizenmehl
160 g Butter oder Margarine
80 g Zucker
1 Prise Salz

FÜR DIE FÜLLUNG:
1 Pck. Gala Bourbon-Vanille-Pudding-Pulver
50 g Zucker
500 ml Milch (1,5 % Fett)
1 Ei (Größe M)
2–3 EL brauner Zucker zum Bestreuen

ZUM GARNIEREN:
75 g dunkle Kuchenglasur

---

1. Zum Vorbereiten Äpfel schälen, vierteln und entkernen. Apfelviertel, Calvados und Apfelsaft in einem Topf zugedeckt 4 Minuten bei mittlerer Hitze kochen lassen. Den Topf auf einen Kuchenrost stellen. Die Äpfel zugedeckt in dem Sud ziehen lassen.

2. Für den Teig in der Zwischenzeit Mehl in eine Rührschüssel geben. Restliche Zutaten hinzufügen und mit einem Mixer (Knethaken) zunächst kurz auf niedrigster, dann auf höchster Stufe gut durcharbeiten. Anschließend auf einer leicht bemehlten Arbeitsfläche kurz zu einem Teig verkneten. Den Teig in Frischhaltefolie gewickelt etwa 60 Minuten in den Kühlschrank legen.

3. Den Backofen vorheizen.
Ober-/Unterhitze: etwa 200 °C
Heißluft: etwa 180 °C

4. Etwas mehr als die Hälfte des Teiges auf dem Boden einer Springform (Ø 26 cm, gefettet) ausrollen, den Springformrand darumstellen. Die Form auf dem Rost in den vorgeheizten Backofen schieben. Den Boden **etwa 10 Minuten hellbraun vorbacken.**

5. Die Form auf einen Kuchenrost stellen. Den Boden etwas abkühlen lassen.

6. Für die Füllung in der Zwischenzeit aus Pudding-Pulver, Zucker und Milch einen Pudding nach Packungsanleitung zubereiten, dann in eine Schüssel geben und ab und zu umrühren. Das Ei unter den lauwarmen Pudding rühren.

7. Restlichen Teig zu einer langen Rolle formen, auf den vorgebackenen Boden legen und so an die Form drücken, dass ein etwa 3 cm hoher Rand entsteht.

8. Die Apfelviertel in ein Sieb geben und gut abtropfen lassen. Den Pudding auf den vorgebackenen Boden geben und glatt streichen. Die Apfelviertel auf dem Pudding verteilen, leicht eindrücken und mit dem braunen Zucker bestreuen. Den Apfelkuchen **bei gleicher Backofentemperatur in etwa 25 Minuten fertig backen.**

9. Die Form auf einen Kuchenrost stellen. Den Kuchen in der Form erkalten lassen. Anschließend vorsichtig aus der Form lösen und auf eine Tortenplatte setzen.

10. Zum Garnieren die Kuchenglasur im heißen Wasserbad nach Packungsanleitung schmelzen. Den Kuchen damit besprenkeln.

Tipp: Schütten Sie den Sud von den Calvodosäpfeln nicht weg. Er schmeckt als heißer Punsch getrunken ganz wunderbar.

24 APFELTARTE 10 STÜCKE

PRO STÜCK: E: 4 g, F: 11 g, Kh: 49 g, kJ: 1290, kcal: 308, BE: 4,0
ZUBEREITUNGSZEIT: 40 Minuten, ohne Kühlzeit

BACKZEIT GESPART, GENUSSZEIT VERLÄNGERT

FÜR DEN BODEN:

150 g Vollmilch-Kuvertüre (etwa 30 % Kakaoanteil)
2 EL Speiseöl, z. B. Sonnenblumenöl
200 g Vitalis Müsli Knusper Plus Multi-Frucht

FÜR DEN BELAG:

6 mittelgroße Äpfel (etwa 650 g), z. B. Cox Orange oder Boskop
400 ml Apfelsaft
Saft von **1** Zitrone
1 Pck. Dr. Oetker Pudding-Pulver Vanille-Geschmack
50 g Zucker
2 Blatt weiße Gelatine

FÜR DAS BAISER:

2 Eiweiß (Größe M)
80 g Zucker

---

1. Für den Boden Kuvertüre in kleine Stücke hacken. Zwei Drittel davon mit dem Öl in einem Topf im Wasserbad bei schwacher Hitze unter Rühren schmelzen. Den Topf aus dem Wasserbad nehmen und die restliche Kuvertüre darin unter Rühren schmelzen. Das Müsli grob hacken und gut unter die geschmolzene Kuvertüre rühren.

2. Die Kuvertüre-Müsli-Mischung in eine Springform (Ø 26 cm, Boden gefettet, mit Backpapier belegt) geben und mit einem Löffel fest zu einem Boden andrücken. Den Knusperboden zugedeckt in den Kühlschrank stellen.

3. Für den Belag die Äpfel schälen, vierteln, entkernen und in etwa 8 mm dicke Spalten schneiden. 350 ml von dem Apfelsaft mit dem Zitronensaft in einen Topf geben. Die Apfelspalten hinzufügen. Die Zutaten aufkochen lassen, dann 2–3 Minuten zugedeckt dünsten, bis die Apfelspalten weich, aber noch bissfest sind. Die Apfelspalten in ein Sieb geben und gut abtropfen lassen, dabei den Saft in einem Kochtopf auffangen.

4. Den restlichen Apfelsaft mit dem Pudding-Pulver und dem Zucker anrühren. Den aufgefangenen Saft in einen Topf gießen und erneut aufkochen. Das angerührte Pudding-Pulver in den von der Kochstelle genommenen Saft rühren. Den Apfel-Pudding etwa 2 Minuten unter Rühren kochen lassen. Die Apfelspalten unterrühren, den Topf von der Kochstelle nehmen.

5. Die Gelatine nach Packungsanleitung einweichen. Gelatine gut ausdrücken und unter Rühren in dem warmen Apfel-Pudding auflösen. Den Apfel-Pudding etwas abkühlen lassen. Dann den Pudding auf den Müsli-Boden geben und glatt streichen. Die Apfeltarte zugedeckt mindestens 3 Stunden in den Kühlschrank stellen.

6. Für das Baiser die Apfeltarte zunächst vorsichtig aus der Springform lösen. Das Eiweiß mit einem Mixer (Rührbesen) auf höchster Stufe steif schlagen. Der Schnee muss so fest sein, dass ein Messerschnitt sichtbar bleibt. Nach und nach den Zucker unterschlagen und so lange schlagen, bis der Eischnee stark glänzt.

7. Die Baisermasse in einen Spritzbeutel mit Sterntülle füllen. Die Apfeltarte mit dem Baiser verzieren. Das Baiser mit einem Gasbrenner vorsichtig goldbraun grillen.

Tipps: Wenn Sie keinen Gasbrenner haben, können Sie die Apfeltarte kurz unter dem heißen Backofengrill bräunen. Der Apfelsaft kann durch die gleiche Menge Apfelwein ersetzt werden.

26 WEISSER GLÜHWEIN-APFELKUCHEN 12 STÜC

PRO STÜCK: E: 9 g, F: 31 g, Kh: 50 g, kJ: 2201, kcal: 526, BE: 4,0
ZUBEREITUNGSZEIT: 45 Minuten, ohne Kühlzeit
BACKZEIT: etwa 55 Minuten

WEIHNACHTLICH GEWÜRZT – MIT SCHUSS

FÜR DEN KNETTEIG:

380 g Weizenmehl
250 g Butter oder Margarine
120 g Zucker
1 Prise Salz
1 Ei (Größe M)

FÜR DIE FÜLLUNG:

1,2 kg mittelgroße Äpfel
150 ml Weißwein
80 g flüssiger Honig, z. B. Tannenhonig
100 g Walnusskernhälften
150 g gem. Mandeln
1 Msp gem. Nelken
je 1 gestr. TL gem. Zimt, gem. Ingwer und Lebkuchengewürz

3 EL Milch zum Bestreichen

1. Für den Teig Mehl in eine Rührschüssel geben. Restliche Zutaten hinzufügen und mit einem Mixer (Knethaken) zunächst kurz auf niedrigster, dann auf höchster Stufe gut durcharbeiten.

2. Anschließend auf einer leicht bemehlten Arbeitsfläche kurz zu einem Teig verkneten. Den Teig in Frischhaltefolie gewickelt etwa 60 Minuten in den Kühlschrank legen.

3. Den Backofen vorheizen.
Ober-/Unterhitze: etwa 200 °C
Heißluft: etwa 180 °C

4. Den Teig in 3 Portionen teilen. Eine Teigportion auf dem Boden einer Springform (Ø 26 cm, gefettet) ausrollen, den Springformrand darumstellen. Die Form auf dem Rost in den vorgeheizten Backofen schieben. Den Knetteigboden **etwa 15 Minuten hellbraun vorbacken.**

5. Die Form auf einen Kuchenrost stellen. Den Boden etwas abkühlen lassen.

6. Für die Füllung in der Zwischenzeit die Äpfel schälen, vierteln und entkernen. Die Äpfel in etwa 3 cm dicke Stücke schneiden. Apfelstücke mit Weißwein und Honig in einem Topf zum Kochen bringen. Die Apfel-Weißwein-Masse etwa 10 Minuten kochen lassen, dabei ab und zu umrühren. Den Topf von der Kochstelle nehmen. Die Apfelmasse etwas abkühlen lassen.

7. Walnüsse grob hacken, mit Mandeln, Nelken, Zimt, Ingwer und Lebkuchengewürz mischen und unter die Apfelmasse heben.

8. Eine weitere Teigportion zu einer Rolle formen, auf den vorgebackenen Boden legen und so an die Form drücken, dass ein etwa 3–4 cm hoher Rand entsteht.

9. Die Apfelmasse auf dem vorgebackenen Boden in der Springform verteilen und glatt drücken. Restlichen Teig etwa 3 mm dünn ausrollen und einen Kreis (Ø 24 cm) ausschneiden. Den Teigkreis auf die Füllung legen, leicht andrücken und mit einer Gabel mehrmals einstechen. Die Teigreste dünn ausrollen, einen Apfel mit Blatt und Stiel ausschneiden und auf den Kuchen legen. Die Kuchenoberfläche mit der Milch bestreichen.

10. Die **Backofentemperatur um etwa 20 °C herunterschalten.** Die Form wieder auf dem Rost in den heißen Backofen schieben. Den Apfelkuchen **in etwa 40 Minuten fertig backen,** dabei den Kuchen evtl. gegen Ende der Backzeit mit etwas Alufolie bedecken, damit er nicht zu stark bräunt.

11. Die Form auf einen Kuchenrost stellen. Den Kuchen in der Form erkalten lassen. Anschließend vorsichtig aus der Form lösen und auf eine Tortenplatte setzen.

Tipp: Sie können den Weißwein durch die gleiche Menge Apfelsaft ersetzen.

28 KLEINE APFELMUS-TORTE 8 STÜCKE

PRO STÜCK: E: 5 g, F: 14 g, Kh: 44 g, kJ: 1357, kcal: 324, BE: 4,0
ZUBEREITUNGSZEIT: 35 Minuten, ohne Kühlzeit
BACKZEIT: etwa 70 Minuten

MIT SCHNEEHAUBE

FÜR DEN KNETTEIG:

120 g Weizenmehl
1 Msp. Dr. Oetker Backin
60 g Zucker
1 Eigelb (Größe M)
80 g Butter oder Margarine

FÜR DEN BELAG:

250 g Apfelmus (aus dem Glas)
50 g gem. Haselnusskerne
1 geh. EL Speisestärke (10 g)
1 Msp. Dr. Oetker Finesse Geriebene Zitronenschale
1 Msp. gem. Zimt
1 Msp. gem. Ingwer
1 Eigelb (Größe M)
70 g abgetropfte Wild-Preiselbeeren (aus dem Glas)
2 Eiweiß (Größe M)
1 Prise Salz
50 g Zucker
50 g Puderzucker

---

1. Für den Teig Mehl mit Backpulver in einer Rührschüssel mischen. Restliche Zutaten hinzufügen und mit einem Mixer (Knethaken) zunächst kurz auf niedrigster, dann auf höchster Stufe gut durcharbeiten. Anschließend auf einer leicht bemehlten Arbeitsfläche kurz zu einem Teig verkneten. Sollte er kleben, ihn in Frischhaltefolie gewickelt eine Zeit lang in den Kühlschrank legen.

2. Den Backofen vorheizen.
Ober-/Unterhitze: etwa 200 °C
Heißluft: etwa 180 °C

3. Die Hälfte des Teiges auf dem Boden einer Springformboden (Ø 18 cm, gefettet) ausrollen und mehrmals mit einer Gabel einstechen. Den Springformrand darumstellen. Restlichen Teig zu einer Rolle formen, auf den Teigboden legen und so an die Form drücken, dass ein etwa 3 cm hoher Rand entsteht.

4. Für den Belag Apfelmus mit 25 g von den Nusskernen sowie Speisestärke, Zitronenschale, Gewürzen und Eigelb verrühren. Restliche Nusskerne auf den Teigboden streuen. Die Apfelmusmasse daraufgeben und glatt streichen.

5. Die Preiselbeeren in kleinen Klecksen darauf verteilen. Die Form auf dem Rost in den vorgeheizten Backofen schieben. Die Torte **etwa 45 Minuten backen.**

6. Die Form auf einen Kuchenrost stellen. Eiweiß mit Salz steif schlagen. Zucker nach und nach dazugeben und so lange weiterschlagen, bis der Eischnee stark glänzt. Puderzucker nur kurz unterrühren. Den Eischnee wellenförmig auf die heiße Apfelmus-Nuss-Masse streichen.

7. Die Form wieder in den heißen Backofen schieben. Die Torte **bei gleicher Backofentemperatur weitere etwa 25 Minuten backen,** bis der Eischnee hellbraun ist.

8. Die Form auf einen Kuchenrost stellen. Die Torte etwa 10 Minuten abkühlen lassen. Dann den Springformrand lösen und entfernen. Die Torte auf dem Springformboden auf dem Kuchenrost erkalten lassen. Die Torte auf eine Tortenplatte setzen und servieren.

30 KLEINE APFELTORTE 8 STÜCKE

PRO STÜCK: E: 4 g, F: 28 g, Kh: 52 g, kJ: 2014, kcal: 481, BE: 4,5
ZUBEREITUNGSZEIT: 40 Minuten, ohne Kühlzeit
BACKZEIT: etwa 55 Minuten

À LA LINZER

FÜR DEN KNETTEIG:

160 g Weizenmehl
60 g Zucker
1 gestr. TL gem. Zimt
1 Prise Salz
160 g Butter oder Margarine
80 g gem. Haselnusskerne

FÜR DIE FÜLLUNG:

2 Äpfel (etwa 300 g)
300 g rote Johannisbeerkonfitüre
50 g gem. Haselnusskerne
2 TL Speisestärke

---

1. Für den Teig Mehl in eine Rührschüssel geben. Restliche Zutaten hinzufügen und mit einem Mixer (Knethaken) zunächst kurz auf niedrigster, dann auf höchster Stufe gut durcharbeiten. Anschließend auf einer leicht bemehlten Arbeitsfläche kurz zu einem Teig verkneten. Den Teig in Frischhaltefolie gewickelt etwa 60 Minuten in den Kühlschrank legen.

2. Den Backofen vorheizen.
Ober-/Unterhitze: etwa 180 °C
Heißluft: etwa 160 °C

3. Den Teig in 3 gleich große Portionen teilen. Eine Portion auf dem Boden einer Springform (Ø 18 cm, gefettet) ausrollen, den Springformrand darumstellen. Die Form auf dem Rost in den vorgeheizten Backofen schieben. Den Boden **etwa 15 Minuten hellbraun vorbacken.**

4. Die Form auf einen Kuchenrost stellen. Den Boden etwas abkühlen lassen.

5. Für die Füllung die Äpfel schälen, achteln und entkernen. Apfelachtel in etwa 3 mm dicke Stücke schneiden. Die Apfelstücke in eine Schüssel geben und mit der Konfitüre vermengen. Nüsse und Speisestärke gut mischen und unter die Füllung heben.

6. Ein weitere Teigportion zu einer Rolle formen, auf den vorgebackenen Boden legen und so an die Form drücken, dass ein etwa 3–4 cm hoher Rand entsteht.

7. Die Füllung auf dem vorgebackenen Boden verteilen und glatt drücken. Den restlichen Teig zu etwa 10 Rollen (je etwa 1 cm breit) rollen. Die Teigrollen als Gitter auf die Füllung legen. Die Form wieder auf dem Rost in den heißen Backofen schieben. Die Apfeltorte **bei gleicher Backofentemperatur in etwa 40 Minuten fertig backen.** Sollte die Torte zu braun werden, die Tortenoberfläche gegen Ende der Backzeit mit Alufolie bedecken.

8. Die Form auf einen Kuchenrost stellen. Die Apfeltorte in der Form erkalten lassen. Anschließend vorsichtig aus der Form lösen und auf eine Tortenplatte setzen.

Tipp: Am besten schmeckt die Apfeltorte gut durchgezogen am nächsten Tag.

32 MOHN-APFEL-TORTE 12 STÜCKE

PRO STÜCK: E: 6 g, F: 28 g, Kh: 36 g, kJ: 1791, kcal: 428, BE: 3,0
ZUBEREITUNGSZEIT: 50 Minuten, ohne Kühlzeit
BACKZEIT: etwa 25 Minuten

VERFÜHRERISCHE GAUMENFREUDE

FÜR DEN RÜHRTEIG:

150 g Butter oder Margarine (zimmerwarm)
100 g Zucker
1 Pck. Dr. Oetker Vanillin-Zucker
1 Pck. Dr. Oetker Finesse Geriebene Zitronenschale
3 Eier (Größe M)
150 g Weizenmehl
2 gestr. TL Dr. Oetker Backin
75 g Mohnsamen

FÜR DIE FÜLLUNG:

400 g Äpfel, z. B. Cox Orange oder Boskop
1 Pck. Dr. Oetker Pudding-Pulver Vanille-Geschmack
30 g Zucker
375 ml Apfelsaft

FÜR DEN BELAG UND ZUM VERZIEREN:

400 g Schlagsahne (mind. 30 % Fett)
2 Pck. Dr. Oetker Vanillin-Zucker

ZUM GARNIEREN:

80 g Zartbitter-Schokoladenblätter
etwa 30 g Mohnsamen

---

1. Den Backofen vorheizen.
Ober-/Unterhitze: etwa 180 °C
Heißluft: etwa 160 °C

2. Für den Teig Butter oder Margarine mit einem Mixer (Rührstäbe) auf höchster Stufe geschmeidig rühren.

3. Nach und nach Zucker, Vanillin-Zucker und Zitronenschale unterrühren. So lange rühren, bis eine gebundene Masse entstanden ist.

4. Eier nach und nach unterrühren (jedes Ei etwa ½ Minute). Mehl mit Backpulver und Mohn mischen und in 2 Portionen auf mittlerer Stufe kurz unterrühren.

5. Den Teig in eine Springform (Ø 26 cm, Boden gefettet, mit Backpapier belegt) geben und glatt streichen. Die Form auf dem Rost in den vorgeheizten Backofen schieben. Den Tortenboden **etwa 25 Minuten backen.**

6. Den Tortenboden vorsichtig aus der Form lösen, auf einen mit Backpapier belegten Kuchenrost stürzen und erkalten lassen. Anschließend mitgebackenes Backpapier entfernen und den Tortenboden auf eine Tortenplatte legen. Einen Tortenring oder den gesäuberten Springformrand darumstellen.

7. Für die Füllung Äpfel schälen, vierteln und entkernen. Apfelviertel in feine Würfel schneiden. Aus Pudding-Pulver, Zucker und Apfelsaft einen Pudding nach Packungsanleitung – aber mit den hier angegebenen Zutaten und Mengen – kochen. Die Apfelwürfel hinzugeben und unter Rühren mit aufkochen lassen. Den Apfelpudding auf den Tortenboden geben, glatt streichen und erkalten lassen.

8. Für den Belag und zum Verzieren Sahne mit Vanillin-Zucker steif schlagen. Zwei Drittel davon auf dem erkalteten Apfelpudding glatt streichen.

9. Restliche Sahne in einen Spritzbeutel mit großer Sterntülle geben und in großen Tupfen auf die Tortenoberfläche spritzen. Die Torte zugedeckt in den Kühlschrank stellen.

10. Zum Garnieren den Tortenring oder Springformrand vorsichtig lösen und entfernen. Die Tortenoberfläche mit Schokoblättern und Mohnsamen garnieren.

Tipp: Die Torte lässt sich gut vorbereiten. Backen Sie den Tortenboden bereits 1 bis 3 Tage vor dem Servieren. Die Füllung und den Belag können Sie 1–2 Tage vorher ergänzen. Lediglich die Garnierung sollte erst kurz vor dem Servieren auf die Torte kommen.

34 HOLUNDER-APFEL-TORTE 16 STÜCKE

PRO STÜCK: E: 5 g, F: 15 g, Kh: 42 g, kJ: 1344, kcal: 321, BE: 3,5
ZUBEREITUNGSZEIT: 60 Minuten, ohne Kühlzeit
BACKZEIT: Knetteigboden 10–15 Minuten, Biskuitboden etwa 25 Minuten

SCHMUCKSTÜCK

FÜR DEN KNETTEIG:
150 g Weizenmehl
100 g Butter oder Margarine
50 g Puderzucker

FÜR DEN BISKUITTEIG:
3 Eier (Größe M)
100 g Zucker
1 Pck. Dr. Oetker Vanillin-Zucker
80 g Weizenmehl
1 gestr. TL Dr. Oetker Backin
25 g Speisestärke

FÜR DIE FÜLLUNG:
750 g Äpfel, z. B. Elstar
1 EL Zucker
etwa 2 EL Quittengelee zum Bestreichen
250 ml Holundersaft
150 ml klarer Apfelsaft
1 Pck. Dr. Oetker Pudding-Pulver Vanille-Geschmack
30 g Zucker
4 Blatt weiße Gelatine
250 g Schlagsahne (mind. 30 % Fett)
200 g Schmand (Sauerrahm)
30 g Zucker

FÜR DEN GUSS:
150 ml Holundersaft
100 ml klarer Apfelsaft
1 Pck. ungezuckerter Tortenguss, klar
1 EL Zucker

NACH BELIEBEN ZUM VERZIEREN:
150 g Schlagsahne (mind. 30 % Fett)
1 Pck. Sahnesteif
1 Pck. Dr. Oetker Vanillin-Zucker

1. Für den Knetteig Mehl in eine Rührschüssel geben. Restliche Zutaten hinzufügen und mit einem Mixer (Rührstäbe) zunächst kurz auf niedrigster, dann auf höchster Stufe gut durcharbeiten. Den Teig in Frischhaltefolie gewickelt etwa 30 Minuten in den Kühlschrank legen.

2. Den Backofen vorheizen.
Ober-/Unterhitze: etwa 180 °C
Heißluft: etwa 160 °C

3. Den Teig auf dem Boden einer Springform (Ø 26 cm, gefettet) ausrollen. Den Teigboden mehrmals mit einer Gabel einstechen. Den Springformrand darumstellen. Die Form auf dem Rost in den vorgeheizten Backofen schieben. Den Knetteigboden **10–15 Minuten backen.** Anschließend sofort vom Springformboden lösen, aber darauf auf einem Kuchenrost erkalten lassen.

4. Für den Biskuitteig Eier mit dem Mixer (Rührstäbe) auf höchster Stufe in 1 Minute schaumig schlagen. Zucker mit Vanillin-Zucker mischen, in 1 Minute einstreuen, dann noch etwa 2 Minuten schlagen. Mehl mit Backpulver und Speisestärke mischen, kurz auf niedrigster Stufe unterrühren. Den Teig in eine Springform (Ø 26 cm, Boden mit Backpapier belegt) geben und glatt streichen. Die Form auf dem Rost in den vorgeheizten Backofen (unteres Drittel) schieben. Den Biskuitboden **bei gleicher Backofentemperatur etwa 25 Minuten backen.**

5. Den Biskuitboden vorsichtig aus der Form lösen, auf einen mit Backpapier belegten Kuchenrost stürzen und erkalten lassen.

6. Für die Füllung Äpfel schälen, vierteln, entkernen und in dünne Spalten schneiden. Apfelspalten mit dem Zucker in einem Topf unter Rühren dünsten, erkalten lassen.

7. Den Knetteigboden auf eine Tortenplatte legen und mit Gelee bestreichen. Den Biskuitboden einmal waagerecht durchschneiden. Den unteren Boden auf den Knetteigboden legen. Einen Tortenring darumstellen. Apfelspalten auf dem unteren Biskuitboden verteilen. Aus Holunder-, Apfelsaft, Pudding-Pulver und Zucker einen Pudding nach Packungsanleitung – aber mit der hier angegebenen Saftmenge – zubereiten. Den warmen Pudding auf die Apfelspalten geben und glatt streichen. Die Torte zugedeckt etwa 60 Minuten in den Kühlschrank stellen.

8. Gelatine nach Packungsanleitung einweichen. Sahne steif schlagen. Schmand mit Zucker verrühren. Gelatine leicht ausdrücken und in einem kleinen Topf bei schwacher Hitze unter Rühren auflösen. Gelatine zuerst mit 2–3 Esslöffeln der Schmandmasse verrühren, dann unter die restliche Schmandmasse rühren. Sahne unterheben.

9. Die Schmand-Sahne-Creme auf den Pudding geben und glatt streichen. Den oberen Biskuitboden darauflegen und leicht andrücken. Die Torte zugedeckt etwa 2 Stunden in den Kühlschrank stellen.

10. Für den Guss aus Holunder-, Apfelsaft, Tortengusspulver und Zucker einen Guss nach Packungsanleitung zubereiten. Den Guss vorsichtig auf dem oberen Biskuitboden verteilen. Die Torte nochmals etwa 30 Minuten in den Kühlschrank stellen. Tortenring lösen und entfernen.

11. Nach Belieben Sahne mit Sahnesteif und Vanillin-Zucker steif schlagen, in einen Spritzbeutel mit Sterntülle (Ø 1 cm) füllen. Den oberen Tortenrand mit Sahne verzieren.

36 APFEL-GIN-TORTE 12 STÜCKE

PRO STÜCK: E: 5 g, F: 14 g, Kh: 29 g, kJ: 1155, kcal: 276, BE: 2,5
ZUBEREITUNGSZEIT: 60 Minuten, ohne Abkühlzeit
BACKZEIT: etwa 25 Minuten

MACHT WAS HER – MIT ALKOHOL

ZUM VORBEREITEN:

1 Bio-Zitrone (unbehandelt, ungewachst – etwa 120 g)
2 Äpfel (380 g)
80 ml Gin
2 EL Zucker

FÜR DEN BISKUITTEIG:

3 Eier (Größe M)
80 g Zucker
1 Prise Salz
80 g Weizenmehl

FÜR DIE FÜLLUNG:

3 Blatt weiße Gelatine
1 EL Zucker
100 g Crème fraîche (zimmerwarm)
350 g Schlagsahne (mind. 30 % Fett)
etwa 150 g Löffelbiskuits

einige vorbereitete Zitronenmelisseblättchen

---

1. Zum Vorbereiten Zitrone heiß abwaschen, abtrocknen und die Schale fein abreiben. Die Zitrone halbieren und den Saft auspressen. Äpfel schälen und halbieren. Das Kerngehäuse am besten mit einem Kugelausstecher entfernen. Die Apfelhälften in 3 mm dicke Scheiben schneiden.

2. Die Apfelscheiben mit Gin, Zucker und Zitronensaft in einem Topf bei mittlerer Hitze zugedeckt etwa 2 Minuten kochen lassen. Den Topf auf einen Kuchenrost stellen. Die Äpfel zugedeckt in dem Sud ziehen lassen.

3. Den Backofen vorheizen.
Ober-/Unterhitze: etwa 180 °C
Heißluft: etwa 160 °C

4. Für den Teig die Eier mit einem Mixer (Rührstäbe) auf höchster Stufe in 1 Minute schaumig schlagen. Zucker mit Salz und vorbereiteter Zitronenschale mischen, in 1 Minute einstreuen, dann noch etwa 4 Minuten schlagen.

5. Das Mehl mit einem Schneebesen unter den Eierschaum ziehen. Den Teig in eine Springform (Ø 18 cm, Boden gefettet, mit Backpapier belegt) geben und glatt streichen. Die Springform auf dem Rost in den vorgeheizten Backofen schieben. Den Biskuitboden **etwa 25 Minuten backen.**

6. Die Springform auf einen Kuchenrost stellen. Den Biskuitboden erkalten lassen, dann vorsichtig aus der Form lösen. Biskuitboden 2-mal waagerecht durchschneiden.

7. Die Apfelscheiben in ein Sieb geben und gut abtropfen lassen, dabei den Saft auffangen. Die Apfelscheiben in 3 gleich große Portionen teilen.

8. Für die Füllung Gelatine nach Packungsanleitung einweichen. Die Gelatine leicht ausdrücken und in einem kleinen Topf mit 4 Esslöffeln von dem aufgefangenen Apfel-Gin-Saft sowie dem Zucker bei schwacher Hitze unter Rühren auflösen.

9. Die aufgelöste Gelatine zuerst mit der Crème fraîche verrühren. Die Sahne steif schlagen.

10. Sobald die Crème-fraîche-Masse etwa zimmerwarm ist, die Sahne vorsichtig unterheben. Die Sahnecreme in 3 gleich große Portionen teilen.

11. Den unteren Biskuitboden auf eine Tortenplatte legen, mit 1–2 Esslöffeln Apfel-Gin-Saft beträufeln und mit einer Portion Apfelscheiben belegen. Eine Portion der Sahnecreme gleichmäßig auf den Äpfeln verstreichen, mit dem mittleren Biskuitboden belegen. Diesen ebenso tränken, mit einer Portion Apfelscheiben belegen, mit einer Portion Sahnecreme bestreichen und mit dem oberen Biskuitboden belegen.

12. Den oberen Biskuitboden ebenfalls tränken. Die Torte rundherum mit der restlichen Sahnecreme bestreichen. Die Löffelbiskuits an einer Seite mit einem Sägemesser gerade schneiden, dann mit der Zuckerseite nach außen an den Tortenrand stellen, dabei leicht andrücken. Aus den restlichen Apfelscheiben auf der Tortenoberfläche eine Rose formen. Die Torte zugedeckt etwa 2 Stunden in den Kühlschrank stellen. Die Torte vor dem Servieren mit einigen Zitronenmelisseblättchen garnieren.

Tipp: Sie können den Gin durch die gleiche Menge Apfel- oder Holundersaft ersetzen.

38 FLOCKEN-APFELTORTE 12 STÜCKE

PRO STÜCK: E: 4 g, F: 18 g, Kh: 25 g, kJ: 1176, kcal: 281, BE: 2,0
ZUBEREITUNGSZEIT: 40 Minuten, ohne Abkühlzeit
BACKZEIT: etwa 20 Minuten je Backblech

ECHTE SCHÖNHEIT

ZUM VORBEREITEN:
etwa 4 Äpfel (700 g)
120 ml Granatapfelsirup (Grenadinesirup)

FÜR DEN BRANDTEIG:
250 ml Wasser
50 g Butter
1 TL Zucker
120 g Weizenmehl
2 Prisen Salz
3 Eier (Größe M)

FÜR DIE FÜLLUNG:
1 Pck. Dr. Oetker Bourbon-Vanille-Zucker
1 EL Zucker
2 Pck. Sahnesteif
500 g Schlagsahne (mind. 30 % Fett)

1 EL Puderzucker zum Bestäuben

---

1. Zum Vorbereiten Äpfel schälen, vierteln und entkernen. Apfelviertel in etwa 1 cm große Stücke schneiden. Apfelstücke und Sirup in einen Topf geben und zugedeckt bei mittlerer Hitze zum Kochen bringen. Die Äpfel ohne Deckel weiterkochen, dabei ab und zu umrühren, bis der Saft verkocht ist und die Apfelstücke anfangen zu zerfallen (etwa 8–10 Minuten). Das Apfelkompott in eine Schüssel geben und erkalten lassen.

2. Den Backofen vorheizen.
Ober-/Unterhitze: etwa 220 °C
Heißluft: etwa 200 °C

3. Für den Teig Wasser mit Butter und Zucker am besten in einem Stieltopf zum Kochen bringen. Mehl mit dem Salz auf einmal in die von der Kochstelle genommene Flüssigkeit schütten, zu einem glatten Kloß rühren und unter Rühren etwa 1 Minute erhitzen. Den heißen Kloß sofort in eine Schüssel geben und etwa 10 Minuten abkühlen lassen.

4. Nach und nach die Eier mit einem Mixer (Knethaken) auf höchster Stufe unterarbeiten. 3 Stücke Backpapier in Größe der Backbleche zurechtschneiden. Jeweils einen Kreis (Ø 26 cm) auf die Rückseite zeichnen. Die Backpapierstücke auf 3 Backbleche legen.

5. Den Teig in 3 gleich große Portionen teilen. Jeweils 1 Portion gleichmäßig dick innerhalb der Kreismarkierungen auf die Backbleche streichen. Die Backbleche nacheinander (bei Heißluft 2 Backbleche zusammen) in den vorgeheizten Backofen schieben. Die Böden **etwa 20 Minuten je Backblech backen,** dabei den Backofen nicht öffnen!

6. Die Böden mit dem Backpapier auf Kuchenroste ziehen und erkalten lassen.

7. Für die Füllung Vanille-Zucker mit Zucker und Sahnesteif mischen. Sahne steif schlagen, dabei die Vanille-Zucker-Mischung einrieseln lassen. Einen Brandteigboden auf eine Tortenplatte legen. Die Hälfte des Apfelkompotts daraufgeben, glatt streichen und gleichmäßig mit der Hälfte der Vanille-Sahne bestreichen.

8. Einen weiteren Brandteigboden darauflegen und leicht andrücken. Zunächst das restliche Kompott, dann die restliche Vanille-Sahne daraufgeben und glatt streichen.

9. Den dritten Brandteigboden in 12 Tortenstücke schneiden. Diese leicht schräg auf die Torte setzen und mit Puderzucker bestäuben. Die Torte bald servieren.

Tipp: Die Apfeltorte lässt sich am besten mit einem guten Säge- oder einem elektrischen Messer schneiden.

40 MARSHMALLOW-APFELTORTE 10 STÜCKE

PRO STÜCK: E: 2 g, F: 8 g, Kh: 37 g, kJ: 963, kcal: 230, BE: 3,0
ZUBEREITUNGSZEIT: 40 Minuten, ohne Kühlzeit

OHNE ZU BACKEN

ZUM VORBEREITEN:

2 Bio-Limetten (unbehandelt, ungewachst, etwa 120 g)
2 Äpfel (350 g)
150 ml Wasser

FÜR DEN BODEN:

120 g Vollkorn-Butterkekse
75 g Butter oder Margarine

etwas Speiseöl

FÜR DIE FÜLLUNG:

5 Blatt weiße Gelatine
250 g Zucker
150 ml Wasser
1 Eiweiß (Größe M)

ZUM GARNIEREN:

einige vorbereitete Zitronenmelisseblättchen

---

1. Zum Vorbereiten die Limetten heiß abwaschen und abtrocknen. Von 1 Limette die Schale fein abreiben. Beide Limetten halbieren und den Saft auspressen. Äpfel schälen, vierteln und entkernen. Die Apfelviertel in etwa 7 mm kleine Würfel schneiden.

2. Limettensaft mit Wasser und Apfelwürfeln in einen kleinen Topf geben. Die Zutaten kurz aufkochen lassen. Anschließend den Topf von der Kochstelle nehmen und die Apfelmasse zugedeckt beiseitestellen.

3. Für den Boden Butterkekse in einen Gefrierbeutel geben. Den Beutel fest verschließen. Die Kekse mit einer Teigrolle fein zerbröseln, dann in eine Rührschüssel geben. Butter oder Margarine zerlassen, zu den Bröseln geben und gut verrühren.

4. Einen Tortenring (Ø 20 cm) auf eine Tortenplatte (mit Backpapier belegt) stellen und innen mit Öl bestreichen. Die Bröselmasse in den Tortenring geben und mit einem Löffel zu einem Boden fest andrücken. Den Bröselboden mindestens 15 Minuten in den Kühlschrank stellen.

5. Für die Füllung die Apfelstücke in ein Sieb geben und sehr gut abtropfen lassen. Gelatine nach Packungsanleitung einweichen. Zucker und Wasser in einem kleinen Topf 5 Minuten kochen lassen. Den Topf von der Kochstelle nehmen. Nach etwa 5 Minuten die Gelatine leicht ausdrücken und unter den Zuckersirup rühren.

6. Eiweiß mit einem Mixer (Rührstäbe) auf höchster Stufe schaumig schlagen. Den heißen Zuckersirup in einem dünnen Strahl zu dem Eiweißschaum gießen, dabei ständig weiterschlagen. Die Eiweißmasse in 5–10 Minuten dickschaumig aufschlagen.

7. Zwei Drittel der Apfelstücke und die Limettenschale mit einem Teigschaber kurz darunterheben. Die Marshmallow-Masse auf den Bröselboden geben und glatt streichen. Die restlichen Apfelstücke auf der Torte verteilen. Die Marshmallow-Apfeltorte zugedeckt mindestens 4 Stunden in den Kühlschrank stellen.

8. Vor dem Servieren die Marshmallow-Apfeltorte vorsichtig mit einem Messer aus dem Tortenring lösen. Die Torte mit abgespülten, trocken getupften Zitronemelisseblättchen garnieren.

Hinweis: Nur ganz frische Eier verwenden, die nicht älter als 5 Tage sind (Legedatum beachten!). Die Torte innerhalb von 24 Stunden verzehren.

Tipp: Zum Schneiden der Torte das Messer in warmes Wasser tauchen.

42 BUTTERMILCH-APFELTORTE 12 STÜCKE

PRO STÜCK: E: 7 g, F: 20 g, Kh: 51 g, kJ: 1743, kcal: 415, BE: 4,0
ZUBEREITUNGSZEIT: 60 Minuten, ohne Kühlzeit

OHNE ZU BACKEN

FÜR DEN BODEN:

250 g weiße Schokolade
3 EL Speiseöl, z. B. Sonnenblumenöl
300 g Vitalis Joghurt-Müsli

FÜR DAS APFELGELEE:

1 Bio-Zitrone (unbehandelt, ungewachst – etwa 100 g)
1 Apfel (etwa 200 g)
300 ml Apfelsaft
100 g Extra Gelierzucker (2:1)
3 Sternanis

FÜR DIE CREME:

7 Blatt weiße Gelatine
80 g flüssiger Honig
500 g Buttermilch (zimmerwarm)
300 g Schlagsahne (mind. 30 % Fett)

ZUM GARNIEREN:

evtl. etwas Apfelsaft
3 Blatt weiße Gelatine
1 Apfel (200 g)
2–3 EL Zitronensaft

1. Für den Boden Schokolade in kleine Stücke brechen. Zwei Drittel davon mit dem Speiseöl in einem kleinen Topf im Wasserbad bei schwacher Hitze unter Rühren schmelzen. Den Topf aus dem Wasserbad nehmen und die restliche Schokolade darin unter Rühren schmelzen. Das Müsli hinzugeben und gut unterrühren. Von der Masse mit einem Teelöffel 12 Häufchen auf Backpapier setzen und trocknen lassen.

2. Inzwischen einen Tortenring (Ø 26 cm) auf eine Tortenplatte (mit Backpapier belegt) stellen. Die restliche Schoko-Müsli-Masse in den Tortenring geben und mit einem Esslöffel gleichmäßig zu einem Boden andrücken. Den Boden in den Kühlschrank stellen.

3. Für das Apfelgelee in der Zwischenzeit die Zitrone heiß abwaschen und abtrocknen. Die Hälfte der Schale fein abreiben und für die Creme beiseitestellen. Von der anderen Zitronenhälfte mit einem Sparschäler die Schale abschälen und beiseitestellen.

4. Anschließend die Zitrone halbieren, den Saft auspressen und ebenfalls beiseitestellen. Den Apfel schälen, vierteln und entkernen. Apfelviertel in kleine Stücke schneiden.

5. Apfelstücke mit Apfelsaft, Gelierzucker, Sternanis, Zitronensaft und der abgeschälten Schale in einem kleinen Topf zugedeckt 8–10 Minuten leicht kochen lassen. Die Apfelmasse anschließend durch ein Sieb passieren.

6. Für die Creme 7 Blatt Gelatine nach Packungsanleitung einweichen. Die Gelatine leicht ausdrücken und in einem kleinen Topf mit 4 Esslöffeln von der Apfelflüssigkeit und dem Honig unter Rühren bei schwacher Hitze auflösen.

7. Die Buttermilch mit der abgeriebenen Zitronenschale und der Gelatinemasse in einer Schüssel gut verrühren. Sobald die Buttermilch-Masse anfängt dicklich zu werden, die Sahne steif schlagen und unterheben.

8. Die Buttermilchcreme auf den Schoko-Müsli-Boden geben und glatt streichen. Die Torte zugedeckt etwa 2 Stunden in den Kühlschrank stellen.

9. Zum Garnieren 300 g von der Apfelflüssigkeit abwiegen (evtl. mit Apfelsaft aufgießen). 3 Blatt Gelatine nach Packungsanleitung einweichen. 3–4 Esslöffel von der Apfelflüssigkeit in einem kleinen Topf erhitzen. Die eingeweichte Gelatine leicht ausdrücken und unter Rühren darin auflösen. Den Topf von der Kochstelle nehmen und die restliche Apfelflüssigkeit unterrühren.

10. Das Apfel-Gelatine-Gelee mit einem Löffel gleichmäßig auf der Torte verteilen. Die Torte nochmals 2–3 Stunden zugedeckt in den Kühlschrank stellen.

11. Tortenring vorsichtig lösen und entfernen. Die Torte mit den Müslihäufchen garnieren. Apfel heiß abwaschen, abtrocknen, vierteln, entkernen, in dünne Scheiben schneiden, mit Zitronensaft bestreichen und auf die Torte legen.

44 NUSS-APFEL-KUCHEN 20 STÜCKE

PRO STÜCK: E: 5 g, F: 16 g, Kh: 25 g, kJ: 1096, kcal: 262, BE: 2,0
ZUBEREITUNGSZEIT: 30 Minuten, ohne Abkühlzeit
BACKZEIT: etwa 30 Minuten

FÜR DEN RÜHRTEIG:

1 Bio-Zitrone (unbehandelt, ungewachst)
200 g Butter oder Margarine (zimmerwarm)
175 g Zucker
2 Pck. Dr. Oetker Vanillin-Zucker
1 Prise Salz
3 Eier (Größe M)
300 g Dinkelmehl (Type 630)
3 gestr. TL Dr. Oetker Backin
1 gestr. TL gem. Zimt
½ TL gem. Ingwer
600 g säuerliche Äpfel, z. B. Cox Orange, Elstar oder Boskop
100 g gehobelte Haselnusskerne

ZUM BESTREUEN:

100 g gehobelte Haselnusskerne
20 g Zucker

SCHMECKT WARM & KALT

1. Für den Teig Zitrone heiß abwaschen, abtrocknen und die Schale fein abreiben. Die Zitrone halbieren und den Saft auspressen.

2. Den Backofen vorheizen.
Ober-/Unterhitze: etwa 200 °C
Heißluft: etwa 180 °C

3. Butter oder Margarine mit einem Mixer (Rührstäbe) auf höchster Stufe geschmeidig rühren. Nach und nach Zucker, Vanillin-Zucker, Salz und abgeriebene Zitronenschale unterrühren. So lange rühren, bis eine gebundene Masse entstanden ist. Die Eier nach und nach unterrühren (jedes Ei etwa ½ Minute).

4. Mehl mit Backpulver, Zimt und Ingwer mischen und in 2 Portionen auf mittlerer Stufe kurz unterrühren.

5. Die Äpfel schälen und grob raspeln. Die Apfelraspel (etwa 450 g) mit 2 Esslöffeln Zitronensaft mischen und mit 100 g Haselnusskernen kurz unter den Teig rühren. Den Teig in ein tiefes Backblech oder eine Fettpfanne (30 x 40 cm, gefettet) geben und glatt streichen.

6. Den Teig zuerst mit den restlichen Haselnusskernen, dann mit dem Zucker bestreuen. Das Backblech in den vorgeheizten Backofen schieben. Den Nuss-Apfel-Kuchen **etwa 30 Minuten backen.**

7. Das Backblech auf einen Kuchenrost stellen. Den Kuchen erkalten lassen.

Tipp: Die geschälten Äpfel nicht vierteln, sondern jeweils im Ganzen raspeln, sodass von jedem Apfel nur das Kerngehäuse mit Blüte und Stiel zurückbleibt.

46 APFEL-KIRSCH-KUCHEN 16 STÜCKE

PRO STÜCK: E: 11 g, F: 17 g, Kh: 56 g, kJ: 1789, kcal: 428, BE: 4,5
ZUBEREITUNGSZEIT: 30 Minuten, ohne Abkühlzeit
BACKZEIT: etwa 45 Minuten

MIT ZIMTSTREUSELN

FÜR DEN STREUSELTEIG:

500 g Weizenmehl
2 geh. TL gem. Zimt
1 Prise Salz
2 Msp. Hirschhornsalz
300 g brauner Zucker
300 g Butter oder Margarine (zimmerwarm)

FÜR DIE FÜLLUNG:

2 Äpfel (400 g)
80 g Zucker
1 Pck. Dr. Oetker Pudding-Pulver Vanille-Geschmack
750 g Magerquark
3 Eier (Größe M)
350 g abgetropfte Sauerkirschen (aus dem Glas)

1. Den Backofen vorheizen.
Ober-/Unterhitze: etwa 180 °C
Heißluft: etwa 160 °C

2. Für den Teig Mehl in eine Rührschüssel geben. Zimt, Salz, Hirschhornsalz, Zucker und Butter oder Margarine (in Flocken) hinzufügen. Die Zutaten mit einem Mixer (Knethaken) zunächst kurz auf niedrigster, dann auf höchster Stufe zu groben Streuseln verarbeiten.

3. Einen Backrahmen (30 x 30 cm) auf ein Backblech (mit Backpapier belegt) stellen. Die Hälfte der Streusel gleichmäßig darin verteilen. Das Backblech in den vorgeheizten Backofen schieben. Den Streuselboden **in etwa 15 Minuten goldbraun vorbacken.**

4. Für die Füllung in der Zwischenzeit die Äpfel schälen, vierteln und entkernen. Die Apfelviertel in 1 cm dicke Spalten schneiden.

5. Den Zucker mit dem Pudding-Pulver in einer Rührschüssel mischen. Quark und Eier hinzugeben. Die Zutaten gut verrühren, dann die Kirschen unterheben.

6. Das Backblech auf einen Kuchenrost stellen. Die Quark-Kirsch-Masse gleichmäßig auf dem Streuselboden verteilen, gleichmäßig mit den Apfelspalten belegen und mit den restlichen Streuseln bestreuen.

7. Das Backblech wieder in den heißen Backofen schieben. Den Apfel-Kirsch-Kuchen **bei gleicher Backofentemperatur in etwa 30 Minuten fertig backen.**

8. Das Backblech auf den Kuchenrost stellen. Den Apfel-Kirsch-Kuchen erkalten lassen. Den Backrahmen vorsichtig lösen und entfernen.

48 ROSMARIN-APFELKUCHEN 20 STÜCKE

PRO STÜCK: E: 3 g, F: 9 g, Kh: 24 g, kJ: 773, kcal: 185, BE: 2,0
ZUBEREITUNGSZEIT: 40 Minuten, ohne Durchzieh- und Abkühlzeit
BACKZEIT: etwa 35 Minuten

SO AROMATISCH, SO LEICHT

ZUM VORBEREITEN:

2–3 Stängel Rosmarin

40 g Zucker

FÜR DEN ALL-IN-TEIG:

275 g Weizenmehl

2 gestr. TL Dr. Oetker Backin

125 g Zucker

abgeriebene Schale von ½ Bio-Zitrone (unbehandelt, ungewachst)

4 Eier (Größe M)

175 g Butter oder Margarine (zimmerwarm)

2 EL Zitronensaft

FÜR DEN BELAG:

etwa 800 g rotschalige Äpfel, z. B. Gala oder Pink Lady

ZUM BESTREICHEN:

2 EL Zitronensaft

1. Zum Vorbereiten Rosmarin abspülen und trocken tupfen. Die Nadeln von den Stängeln zupfen, 2 Esslöffel davon abmessen, fein hacken und in eine kleine Schüssel geben. Zucker hinzugeben, unterrühren und etwa 20 Minuten durchziehen lassen.

2. Den Backofen vorheizen.
Ober-/Unterhitze: etwa 180 °C
Heißluft: etwa 160 °C

3. Für den Teig Mehl mit Backpulver in einer Rührschüssel mischen. Restliche Zutaten hinzufügen und mit einem Mixer (Rührstäbe) zunächst kurz auf niedrigster, dann auf höchster Stufe in etwa 2 Minuten zu einem glatten Teig verarbeiten.

4. Den Teig auf ein Backblech (30 x 40 cm, gefettet, mit Backpapier belegt) geben und glatt streichen. Vor den Teig einen mehrfach geknickten Streifen Alufolie legen.

5. Für den Belag Äpfel heiß abwaschen, gut abtrocknen und mit einem Apfelausstecher je das Kerngehäuse ausstechen. Die Äpfel in etwa 2 cm dicke Scheiben schneiden und mit etwas Zitronensaft bestreichen. Den Teig mit den Apfelscheiben belegen.

6. Von dem vorbereiteten Rosmarinzucker 1 Teelöffel abnehmen und beiseitestellen. Den restlichen Rosmarinzucker auf die Apfelscheiben streuen. Das Backblech in den vorgeheizten Backofen schieben. Den Kuchen **etwa 35 Minuten backen.**

7. Das Backblech auf einen Kuchenrost stellen. Restlichen Rosmarinzucker und restlichen Zitronensaft in einem kleinen Topf unter Rühren zum Kochen bringen. Dann die noch heißen Apfelscheiben mit der Flüssigkeit bestreichen. Den Kuchen erkalten lassen. Den Alustreifen entfernen und den Kuchen in Stücke schneiden.

50 APFEL-DINKEL-KUCHEN 18 STÜCKE

PRO STÜCK: E: 5 g, F: 19 g, Kh: 36 g, kJ: 1391, kcal: 332, BE: 3,0
ZUBEREITUNGSZEIT: 45 Minuten, ohne Kühlzeit
BACKZEIT: etwa 35 Minuten

MIT SAFTIGEM KÜRBIS

FÜR DEN KNETTEIG:

175 g Dinkelmehl (Type 630)
70 g brauner Zucker
¼ **gestr. TL** gem. Zimt
100 g Butter
75 g fein geraspelter Kürbis (Hokkaido)

FÜR DEN BELAG:

70 g Butter
4 EL flüssiger Honig (etwa 80 g)
50 g Schlagsahne
125 g fein geraspelter Kürbis (Hokkaido)
50 g gehobelte Mandeln
1 ½ kg Äpfel, z. B. Elstar

FÜR DEN RÜHRTEIG:

150 g Butter (zimmerwarm)
100 g brauner Zucker
1 Pck. Dr. Oetker Bourbon-Vanille-Zucker
3 Eier (Größe M)
175 g Dinkelmehl (Type 630)
1 ½ gestr. TL Dr. Oetker Backin
1–2 EL Milch

1. Für den Knetteig Mehl in eine Rührschüssel sieben. Restliche Zutaten hinzufügen und mit einem Mixer (Knethaken) zunächst kurz auf niedrigster, dann auf höchster Stufe gut durcharbeiten. Anschließend auf einer leicht bemehlten Arbeitsfläche kurz zu einem Teig verkneten. Den Teig in Frischhaltefolie gewickelt etwa 30 Minuten in den Kühlschrank legen.

2. In der Zwischenzeit den Backofen vorheizen.
Ober-/Unterhitze: etwa 180 °C
Heißluft: etwa 160 °C

3. Den Teig auf einem Backblech (30 x 40 cm, gefettet) ausrollen, mehrmals mit einer Gabel einstechen. Das Backblech in den vorgeheizten Backofen schieben. Den Knetteigboden **etwa 10 Minuten vorbacken.**

4. Für den Belag Butter mit Honig und Sahne in einem Topf zerlassen. Kürbisraspel hinzufügen, zum Kochen bringen und etwa 2 Minuten unter Rühren bei mittlerer Hitze kochen lassen. Die Mandeln unterrühren. Anschließend die Kürbismasse auf einen Teller geben und erkalten lassen. Die Äpfel schälen, vierteln und entkernen.

5. Das Backblech auf einen Kuchenrost stellen. Den Knetteigboden abkühlen lassen.

6. Für den Rührteig Butter mit einem Mixer (Rührstäbe) auf höchster Stufe geschmeidig rühren. Nach und nach Zucker und Vanille-Zucker unterrühren. So lange rühren, bis eine gebundene Masse entstanden ist.

7. Eier nach und nach unterrühren (jedes Ei etwa ½ Minute). Das Mehl sieben, mit dem Backpulver mischen und in 2 Portionen abwechselnd mit der Milch auf mittlerer Stufe kurz unterrühren. Den Teig auf den vorgebackenen Knetteigboden geben und glatt streichen. Die Apfelspalten in Reihen darauflegen. Die Kürbismasse darauf verteilen. Das Backblech wieder in den heißen Backofen schieben. Den Kuchen **bei gleicher Backofentemperatur in etwa 25 Minuten fertig backen.**

8. Das Backblech auf einen Kuchenrost stellen. Den Apfel-Dinkel-Kuchen erkalten lassen.

Tipp: Dazu cremig gerührten Joghurt reichen.

52 WALDMEISTER-APFEL-KUCHEN 20 STÜCKE

PRO STÜCK: E: 3 g, F: 7 g, Kh: 41 g, kJ: 1026, kcal: 245, BE: 3,5
ZUBEREITUNGSZEIT: 60 Minuten, ohne Abkühlzeit
BACKZEIT: etwa 20 Minuten

RICHTIG SCHÖN GRÜN

FÜR DEN RÜHRTEIG:

150 g Butter oder Margarine (zimmerwarm)
100 g Zucker
1 Prise Salz
⅓ **Röhrchen** Zitronen-Aroma
3 Eier (Größe M)
300 g Weizenmehl
2 gestr. TL Dr. Oetker Backin
150 ml Waldmeister-Sirup

FÜR DEN BELAG:

8 mittelgroße Äpfel (etwa 1 ½ kg)
350 ml Waldmeister-Sirup
4–5 EL Zitronensaft

FÜR DEN GUSS:

2 Pck. ungezuckerter Tortenguss, klar
1–2 EL Zucker

---

1. Den Backofen vorheizen.
Ober/Unterhitze: 200 °C
Heißluft: 180 °C

2. Für den Teig Butter oder Margarine mit einem Mixer (Rührstäbe) auf höchster Stufe geschmeidig rühren. Nach und nach Zucker, Salz und Aroma unterrühren. So lange rühren, bis eine gebundene Masse entstanden ist.

3. Eier nach und nach unterrühren (jedes Ei etwa ½ Minute). Mehl mit Backpulver mischen und in 2 Portionen abwechselnd mit dem Waldmeister-Sirup auf mittlerer Stufe kurz unterrühren.

4. Den Teig auf ein Backblech (30 x 40 cm, gefettet, mit Backpapier belegt) geben und glatt streichen. Das Backblech in den vorgeheizten Backofen schieben. Den Kuchen **etwa 20 Minuten backen.**

5. Das Backblech auf einen Kuchenrost stellen. Den Kuchen erkalten lassen, dann einen Backrahmen um den Kuchen stellen.

6. Für den Belag Äpfel schälen, mit einem Apfelausstecher das Kerngehäuse entfernen. Die Äpfel in etwa 1 ½ cm dicke Scheiben schneiden.

7. Sirup, Zitronensaft und Apfelscheiben portionsweise in einem breiten Topf zum Kochen bringen und bei schwacher Hitze zugedeckt jeweils 5–10 Minuten dünsten.

8. Die Apfelscheiben mit einem Schaumlöffel herausnehmen und in einem Sieb abtropfen lassen, dabei den Waldmeistersud auffangen. Den aufgefangenen Waldmeistersud mit Wasser auf 500 ml auffüllen und beiseitestellen. Die Apfelscheiben auf dem Kuchen verteilen und erkalten lassen.

9. Für den Guss aus Tortengusspulver, Zucker und der Waldmeistersud-Wasser-Mischung nach Packungsanleitung einen Guss zubereiten. Den Guss von der Mitte aus gleichmäßig auf den Apfelscheiben verteilen. Guss fest werden lassen.

54 APFELKRAUTKUCHEN 20 STÜCKE

PRO STÜCK: E: 4 g, F: 17 g, Kh: 26 g, kJ: 1157, kcal: 276, BE: 2,0
ZUBEREITUNGSZEIT: 50 Minuten, ohne Abkühlzeit
BACKZEIT: etwa 25 Minuten

KERNIG & GUT

ZUM VORBEREITEN:

50 g Buchweizen, ganz
1 EL Zucker
4 kleinere Äpfel (800 g)

FÜR DEN TEIG:

250 g Butter (zimmerwarm)
250 g Apfelkraut
1 Prise Salz
5 Eier (Größe M)
100 g Buchweizenmehl
100 g Weizenmehl
100 g kernige Haferflocken
2 gestr. TL Dr. Oetker Backin

ZUM VERZIEREN UND GARNIEREN:

300 g Schlagsahne (mind. 30 % Fett)
1 EL Zucker
2 gestr. TL gem. Zimt
50 g Apfelkraut
1–2 EL Wasser

1. Zum Vorbereiten Buchweizen in einer Pfanne ohne Fett unter Wenden goldbraun rösten. Zum Schluss Zucker über den Buchweizen streuen, kurz umrühren, auf einen Teller geben und zum Garnieren beiseitestellen. Die Äpfel schälen, vierteln und entkernen. Apfelviertel in 7 mm breite Spalten schneiden.

2. Den Backofen vorheizen.
Ober-/Unterhitze: etwa 200 °C
Heißluft: etwa 180 °C

3. Für den Teig die sehr weiche Butter, Apfelkraut und Salz mit einem Mixer (Rührstäbe) auf höchster Stufe 5 Minuten verrühren. Nach und nach die Eier unterrühren (jedes Ei etwa ½ Minute).

4. Beide Mehlsorten mit Haferflocken und Backpulver gut vermischen, mit einem Schneebesen unter die Buttermasse rühren. Den Teig in ein tiefes Backblech (30 x 40 cm, gefettet, mit Backpapier belegt) geben und glatt streichen. Die Apfelspalten gleichmäßig auf dem Teig verteilen.

5. Das Backblech in den vorgeheizten Backofen schieben. Den Apfelkuchen **etwa 25 Minuten backen.**

6. Das Backblech auf einen Kuchenrost stellen. Den Apfelkuchen erkalten lassen.

7. Zum Verzieren und Garnieren Sahne mit Zucker und Zimt steif schlagen. Die Zimtsahne auf den Kuchen geben und grob verstreichen. Apfelkraut mit Wasser glatt rühren und über die Sahne träufeln. Den Kuchen mit dem gerösteten Buchweizen bestreuen.

56 GEDECKTER APFELKUCHEN 20 STÜCKE

PRO STÜCK: E: 4 g, F: 12 g, Kh: 32 g, kJ: 1038, kcal: 248, BE: 2,5
ZUBEREITUNGSZEIT: 50 Minuten, ohne Abkühlzeit
BACKZEIT: etwa 25 Minuten

AM BESTEN NOCH LAUWARM VOM BLECH WEG

FÜR DIE FÜLLUNG:

1 ½ kg säuerliche Äpfel, z. B. Boskop
50 g Zucker
1 Pck. Dr. Oetker Vanillin-Zucker
1 Msp. gem. Zimt
30 g Rosinen
50 g Butter
etwa 50 g Zucker

FÜR DEN KNETTEIG:

400 g Weizenmehl
4 gestr. TL Dr. Oetker Backin
70 g Zucker
1 Pck. Dr. Oetker Vanillin-Zucker
2 Eier (Größe M)
4 EL Milch
150 g Butter oder Margarine (zimmerwarm)

ZUM BESTREICHEN UND BESTREUEN:

1 Eigelb (Größe M)
1 EL Milch
50 g gehobelte Mandeln

1. Den Backofen vorheizen.
Ober-/Unterhitze: etwa 200 °C
Heißluft: etwa 180 °C

2. Für die Füllung Äpfel schälen, vierteln und entkernen. Apfelviertel in kleine Stücke schneiden, dann mit Zucker, Vanillin-Zucker, Zimt, Rosinen und Butter in einem Topf unter Rühren leicht dünsten. Die Apfelmasse etwas abkühlen lassen und mit Zucker abschmecken.

3. Für den Teig das Mehl mit dem Backpulver in einer Rührschüssel mischen. Zucker, Vanillin-Zucker, Eier, Milch und Butter oder Margarine hinzufügen. Die Zutaten mit einem Mixer (Knethaken) zunächst kurz auf niedrigster, dann auf höchster Stufe gut durcharbeiten.

4. Knapp die Hälfte des Teiges in der Größe eines Backblechs (30 x 40 cm) dünn ausrollen und mithilfe einer Teigrolle vorsichtig auf Backpapier aufrollen. Den restlichen Teig auf einem Backblech (30 x 40 cm, gefettet) ausrollen. Die Apfelmasse auf dem Teig verteilen. Die Teigdecke darauf abrollen.

5. Zum Bestreichen und Bestreuen Eigelb mit Milch verschlagen. Die Teigdecke damit bestreichen und mehrmals vorsichtig mit einer Gabel einstechen. Die Teigdecke mit Mandeln bestreuen. Das Backblech in den vorgeheizten Backofen (unteres Drittel) schieben. Den Kuchen **etwa 25 Minuten backen.**

6. Das Backblech auf einen Kuchenrost stellen. Den Apfelkuchen erkalten lassen.

Tipp: Den Kuchen können Sie auch in einer Springform (Ø 26 cm, gefettet) backen, dazu halbieren Sie die Zutaten für Teig und Füllung.

58 MAKRONEN-KUCHEN 40 STÜCKE

PRO STÜCK: E: 3 g, F: 8 g, Kh: 26 g, kJ: 801, kcal: 192, BE: 2,0
ZUBEREITUNGSZEIT: 90 Minuten, ohne Kühlzeit
BACKZEIT: etwa 30 Minuten

ETWAS BESONDERES

FÜR DEN STREUSELTEIG:

300 g Weizenmehl
120 g Zucker
1 Eigelb (Größe L)
1 Prise Salz
180 g kalte Butter oder Margarine

FÜR DEN BISKUITTEIG:

3 Eier (Größe L)
1 Prise Salz
80 g Zucker
90 g Weizenmehl

FÜR DAS APFELKOMPOTT:

2 kg Äpfel
100 g Zucker
Saft von **1** Zitrone
50 ml Wasser
80 g Rosinen

FÜR DIE MAKRONENMASSE:

400 g Marzipan-Rohmasse
3 Eiweiß (Größe L)

ZUM GLASIEREN:

2 EL Aprikosenkonfitüre
2 EL Zucker
2 EL Wasser

1. Den Backofen vorheizen.
Ober-/Unterhitze: etwa 200 °C
Heißluft: etwa 180 °C

2. Für den Streuselteig Mehl, Zucker, Eigelb und Salz in eine Rührschüssel geben. Butter oder Margarine in dünne Scheiben schneiden und hinzufügen. Die Zutaten mit einem Mixer (Rührstäbe) zunächst kurz auf niedrigster, dann auf höchster Stufe zu feinen Streuseln verarbeiten.

3. Die Streusel auf einem Backblech (30 x 40 cm, gefettet, mit Backpapier belegt) gut zu einem Boden andrücken. Das Backblech in den vorgeheizten Backofen schieben. Streuselboden **etwa 15 Minuten backen.**

4. Für den Biskuitteig inzwischen Eier und Salz mit dem Mixer (Rührstäbe) auf höchster Stufe in 1 Minute schaumig schlagen. Zucker in 1 Minute einstreuen, dann noch 2 Minuten schlagen. Mehl kurz auf niedrigster Stufe unterrühren.

5. Das Backblech auf einen Kuchenrost stellen. Den Biskuitteig auf den heißen Streuselboden geben und glatt streichen. Das Backblech wieder in den heißen Backofen schieben. Den Gebäckboden **bei gleicher Backofentemperatur etwa 10 Minuten backen.**

6. Das Backblech auf einen Kuchenrost stellen. Den Gebäckboden erkalten lassen.

7. Für das Kompott Äpfel schälen, vierteln und entkernen. Apfelviertel in Stücke schneiden. Apfelstücke mit Zucker, Zitronensaft, Wasser und Rosinen in einem Topf zum Kochen bringen und zugedeckt etwa 20 Minuten bei mittlerer Hitze weich dünsten.

8. Das Apfelkompott auf den Gebäckboden geben und glatt streichen. Den Kuchen etwa 60 Minuten kalt stellen.

9. Den Backofen vorheizen.
Ober-/Unterhitze: etwa 220 °C
Heißluft: etwa 200 °C

10. Für die Makronenmasse Marzipan in dünne Scheiben schneiden. Marzipan und Eiweiß in einem hohen Rührbecher zu einer glatten Masse pürieren. Die Makronenmasse in einen Spritzbeutel mit Lochtülle (Ø etwa 1 cm) geben. Streifen und Punkte auf den Kuchen spritzen. Das Backblech in den vorgeheizten Backofen (obere Schiene) schieben. Die Makronenmasse **etwa 5 Minuten leicht bräunen.** Das Backblech auf einen Kuchenrost stellen.

11. Zum Glasieren Konfitüre mit Zucker und Wasser in einem Topf unter Rühren kräftig aufkochen. Den heißen Kuchen mit der Glasur bestreichen. Den Makronen-Kuchen erkalten lassen.

Tipp: Sie können auch Apfelkompott aus dem Glas mit 1 Esslöffel Weichweizengrieß in einem Topf verrühren, aufkochen lassen und auf dem Gebäckboden verteilen.

60 BUTTERSCOTCH-APFELKUCHEN 20 STÜCKE

PRO STÜCK: E: 5 g, F: 21 g, Kh: 43 g, kJ: 1630, kcal: 390, BE: 3,5
ZUBEREITUNGSZEIT: 60 Minuten, ohne Abkühlzeit
BACKZEIT: etwa 35 Minuten

SCHMECKT LAUWARM AM BESTEN – MIT ALKOHOL

FÜR DEN RÜHRTEIG:

1,2 kg mittelgroße Äpfel, z. B. Braeburn
350 g Butter (zimmerwarm)
260 g Zucker
1 Prise Salz
2 Pck. Dr. Oetker Finesse Bourbon-Vanille-Aroma
7 Eier (Größe M)
100 g Weichweizengrieß
300 g Dinkelmehl (Type 630)
2 gestr. TL Dr. Oetker Backin

FÜR DIE BUTTERSCOTCH-SAUCE:

200 g brauner Zucker
150 g Schlagsahne (mind 30 % Fett)
50 g Butter
1 Prise Salz
3 EL Cognac

1. Für den Teig die Äpfel schälen, vierteln und entkernen. Die Apfelviertel in etwa 1 ½ cm breite Spalten schneiden.

2. Den Backofen vorheizen.
Ober-/Unterhitze: etwa 200 °C
Heißluft: etwa 180 °C

3. Die sehr weiche Butter mit einem Mixer (Rührstäbe) auf höchster Stufe geschmeidig rühren. Nach und nach Zucker, Salz und Aroma unterrühren. So lange rühren, bis eine gebundene Masse entstanden ist.

4. Eier nach und nach unterrühren (jedes Ei etwa ½ Minute). Grieß mit Mehl und Backpulver mischen und in 2 Portionen auf mittlerer Stufe kurz unterrühren.

5. Einen Backrahmen (etwa 30 x 40 cm) auf ein Backblech (gefettet, mit Backpapier belegt) stellen. Den Teig in den Backrahmen geben und glatt streichen. Die Apfelspalten in Form eines Fischgrätenmusters auf dem Teig verteilen und leicht eindrücken. Das Backblech in den vorgeheizten Backofen schieben. Den Apfelkuchen **etwa 35 Minuten backen.**

6. Für die Sauce in der Zwischenzeit Zucker, Sahne und Butter in einen Topf geben und aufkochen lassen. Die Sauce bei schwacher Hitze etwa 4 Minuten kochen lassen, dabei ab und zu umrühren. Den Topf von der Kochstelle nehmen. Salz und Cognac unter die Butterscotch-Sauce rühren. Die Sauce etwas abkühlen lassen.

7. Das Backblech auf einen Kuchenrost stellen. Den lauwarmen Apfelkuchen mit der Hälfte der Butterscotch-Sauce beträufeln. Den Kuchen in Stücke schneiden. Die restliche Sauce dazu servieren.

Tipp: Möchten Sie den Kuchen ohne Alkohol zubereiten, lassen Sie den Cognac einfach weg.

62 WÜRZIGER APFELKUCHEN 20 STÜCKE

PRO STÜCK: E: 3 g, F: 10 g, Kh: 31 g, kJ: 953, kcal: 227, BE: 2,5
ZUBEREITUNGSZEIT: 40 Minuten
BACKZEIT: 40–45 Minuten

FRUCHTIG-HERZHAFT

FÜR DEN RÜHRTEIG:

200 g Butter oder Margarine (zimmerwarm)
200 g Zucker
1 Pck. Dr. Oetker Vanillin-Zucker
1 Prise Salz
4 Eier (Größe M)
250 g Dinkelmehl (Type 630)
2 gestr. TL Dr. Oetker Backin
1 gestr. TL gem. Zimt
½ gestr. TL gem. Ingwer
1 Msp. gem. Kardamom

FÜR DEN BELAG:

1,3 kg mittelgroße Äpfel, z. B. Cox Orange
300 g Wild-Preiselbeeren (aus dem Glas)

ZUM APRIKOTIEREN:

200 g Apfel- oder Quittengelee

1. Für den Teig Butter oder Margarine mit einem Mixer (Rührstäbe) auf höchster Stufe geschmeidig rühren. Nach und nach Zucker, Vanillin-Zucker und Salz unterrühren. So lange rühren, bis eine gebundene Masse entstanden ist.

2. Die Eier nach und nach unterrühren (jedes Ei etwa ½ Minute). Mehl mit Backpulver, Zimt, Ingwer und Kardamom mischen und in 2 Portionen auf mittlerer Stufe kurz unterrühren. Den Teig auf ein Backblech (30 x 40 cm, gefettet, mit Backpapier belegt) geben und glatt streichen.

3. Den Backofen vorheizen.
Ober-/Unterhitze: 180–200 °C
Heißluft: 160–180 °C

4. Für den Belag Äpfel schälen. Das Kerngehäuse mit einem Apfelausstecher ausstechen. Die Äpfel in etwa 1 cm dicke Scheiben schneiden und leicht überlappend auf den Teig legen. Die Löcher in den Apfelscheiben mit etwa zwei Dritteln der Preiselbeeren füllen. Das Backblech in den vorgeheizten Backofen schieben. Den Apfelkuchen **40–45 Minuten backen.**

5. Das Backblech auf einen Kuchenrost stellen. Die restlichen Preiselbeeren in die entstandenen Löcher geben. Den Apfelkuchen kurz lauwarm abkühlen lassen.

6. Zum Aprikotieren Gelee in einem Topf unter Rühren leicht erwärmen. Den lauwarmen Apfelkuchen damit bestreichen und erkalten lassen.

64 APFELKUCHEN MIT MANDELKROKANT 20 STÜCKE

PRO STÜCK: E: 5 g, F: 19 g, Kh: 38 g, kJ: 1466, kcal: 350, BE: 3,0
ZUBEREITUNGSZEIT: 50 Minuten, ohne Abkühlzeit
BACKZEIT: etwa 45 Minuten

FRUCHTGENUSS UNTER DER KNUSPERHAUBE

FÜR DEN MANDELKROKANT:

100 g Butter
90 g Zucker
40 g flüssiger Honig
75 g Schlagsahne
200 g gehobelte Mandeln

FÜR DEN ALL-IN-TEIG:

275 g Weizenmehl
2 gestr. TL Dr. Oetker Backin
100 g Puderzucker
1 Pck. Dr. Oetker Vanillin-Zucker
3 Eier (Größe M)
170 g Butter oder Margarine (zimmerwarm)

FÜR DEN BELAG:

1 ½ kg Äpfel, z. B. Elstar
100 g Apfelgelee
1 Pck. Dr. Oetker Pudding-Pulver Vanille-Geschmack
1 Pck. Saucenpulver Vanille-Geschmack zum Kochen
40 g Zucker
50 g Semmelbrösel

1. Für den Krokant Butter, Zucker, Honig und Sahne in einem Topf unter Rühren langsam zum Kochen bringen. Mandeln unterrühren und unter Rühren nochmals kurz aufkochen lassen. Den Mandelkrokant abkühlen lassen.

2. Den Backofen vorheizen.
Ober-/Unterhitze: etwa 180 °C
Heißluft: etwa 160 °C

3. Für den Teig Mehl mit Backpulver in einer Rührschüssel mischen. Restliche Zutaten hinzufügen und mit einem Mixer (Rührstäbe) zunächst kurz auf niedrigster, dann auf höchster Stufe in etwa 2 Minuten zu einem glatten Teig verarbeiten.

4. Einen Backrahmen auf ein Backblech (30 x 40 cm, gefettet) stellen. Den Teig auf dem Backblech verteilen und glatt streichen.

5. Für den Belag Äpfel schälen, vierteln und entkernen. Apfelviertel grob raspeln und mit dem Apfelgelee verrühren. Pudding-Pulver mit Saucenpulver, Zucker und Semmelbröseln vermischen und unter die Apfelmasse rühren. Die Apfel-Pudding-Masse auf den Teigboden geben und glatt streichen. Die Krokantmasse daraufgeben und vorsichtig mithilfe von 2 Gabeln darauf verteilen.

6. Das Backblech in den vorgeheizten Backofen schieben. Den Kuchen **etwa 45 Minuten backen.**

7. Das Backblech auf einen Kuchenrost stellen. Den Apfelkuchen erkalten lassen.

66 APFEL-MASCARPONE-KUCHEN 25 STÜCKE

PRO STÜCK: E: 7 g, F: 19 g, Kh: 37 g, kJ: 1481, kcal: 354, BE: 3,0
ZUBEREITUNGSZEIT: 60 Minuten
BACKZEIT: etwa 60 Minuten

GAUMENSCHMEICHLER

ZUM VORBEREITEN:

1,2 kg Äpfel, z.B. Boskop oder Elstar
Saft von **1** Zitrone

FÜR DEN RÜHRTEIG:

150 g Butter oder Margarine (zimmerwarm)
275 g Zucker
1 Prise Salz
7 Eier (Größe M)
450 g Weizenmehl
3 gestr. TL Dr. Oetker Backin

FÜR DEN MASCARPONE-BELAG:

500 g Mascarpone (ital. Frischkäse)
7 Eigelb (Größe M)
150 g Zucker
1 Pck. Dr. Oetker Bourbon-Vanille-Zucker
7 Eiweiß (Größe M)
100 g gehobelte Mandeln

2 EL Puderzucker

---

1. Zum Vorbereiten Äpfel schälen, achteln und entkernen. Apfelachtel mit Zitronensaft vermischen.

2. Für den Teig Butter oder Margarine mit einem Mixer (Rührstäbe) auf höchster Stufe geschmeidig rühren. Nach und nach Zucker und Salz unterrühren. So lange rühren, bis eine gebundene Masse entstanden ist.

3. Eier nach und nach unterrühren (jedes Ei etwa ½ Minute). Mehl mit Backpulver mischen und in 2 Portionen auf mittlerer Stufe kurz unterrühren. Den Teig in ein tiefes Backblech oder eine Fettpfanne (30 x 40 cm, gefettet, mit Backpapier belegt) geben und glatt streichen. Die Apfelstücke darauf verteilen und leicht eindrücken.

4. Den Backofen vorheizen.
Ober-/Unterhitze: etwa 180 °C
Heißluft: etwa 160 °C

5. Für den Belag Mascarpone mit Eigelb, 100 g von dem Zucker und Vanille-Zucker in einer Rührschüssel mit einem Schneebesen glatt rühren.

6. Eiweiß evtl. in 2 Portionen mit dem Mixer (Rührstäbe) steif schlagen. Nach und nach restlichen Zucker einstreuen und weitere etwa 2 Minuten schlagen. Eischnee portionsweise unter die Mascarponemasse heben, auf die Apfelstücke geben und glatt streichen.

7. Den Kuchen mit Mandeln bestreuen. Das Backblech oder die Fettpfanne in den vorgeheizten Backofen schieben. Den Kuchen **etwa 60 Minuten backen.**

8. Das Backblech oder die Fettpfanne auf einen Kuchenrost stellen. Den Kuchen erkalten lassen, in Stücke schneiden und mit Puderzucker bestäuben.

68 APRIKOTIERTER APFELKUCHEN 20 STÜCKE

PRO STÜCK: E: 4 g, F: 6 g, Kh: 32 g, kJ: 855, kcal: 204, BE: 2,5
ZUBEREITUNGSZEIT: 30 Minuten, ohne Abkühlzeit
BACKZEIT: etwa 30 Minuten

FÜR DIE SPONTANE KUCHENLUST

FÜR DEN HEFETEIG:

375 g Weizenmehl
1 Pck. Hefeteig Garant
125 ml Milch (3,5 % Fett)
50 g Butter oder Margarine (zimmerwarm)
50 g Zucker
1 Pck. Dr. Oetker Vanillin-Zucker
1 Prise Salz
1 Ei (Größe M)

FÜR DEN BELAG:

1 ½ kg Äpfel, z. B. Elstar
3 EL Zitronensaft
100 g gestiftelte Mandeln
100 g Rosinen

ZUM APRIKOTIEREN:

4 EL Aprikosenkonfitüre
1 EL Wasser

1. Für den Teig Mehl mit Hefeteig Garant in einer Rührschüssel sorgfältig vermischen. Restliche Zutaten dazugeben und mit einem Mixer (Knethaken) erst auf niedrigster, dann auf höchster Stufe in etwa 2 Minuten zu einem glatten Teig verarbeiten. Den Teig mit etwas Mehl bestäuben, nochmals kurz durchkneten und dann auf einem Backblech (30 x 40 cm, gefettet, bemehlt) ausrollen.

2. Für den Belag Äpfel schälen, vierteln und entkernen. Die Apfelviertel in dicke Spalten schneiden und mit dem Zitronensaft mischen. Apfelspalten dachziegelartig auf den Teig legen, mit Mandeln und Rosinen bestreuen. Den Teig zugedeckt etwa 10 Minuten ruhen lassen.

3. In der Zwischenzeit den Backofen vorheizen.
Ober-/Unterhitze: etwa 200 °C
Heißluft: etwa 180 °C

4. Das Backblech in den vorgeheizten Backofen schieben. Den Kuchen **etwa 30 Minuten backen.** Das Backblech auf einen Kuchenrost stellen.

5. Zum Aprikotieren Konfitüre und Wasser in einem kleinen Topf unter Rühren aufkochen. Den heißen Kuchen damit bestreichen. Den Kuchen erkalten lassen.

Tipp: Sie können den Hefeteig statt mit Hefeteig Garant auch mit 1 Päckchen Dr. Oetker Trockenbackhefe zubereiten. Dann die Milch erwärmen und die Butter oder Margarine darin zerlassen. Die restlichen Teigzutaten mit der Milch-Fett-Mischung in etwa 5 Minuten mit dem Mixer (Knethaken) zu einem glatten Teig verkneten. Den Teig zugedeckt so lange an einem warmen Ort gehen lassen, bis er sich sichtbar vergrößert hat (etwa 20 Minuten). Dann weiter wie unter Punkt 2 beschrieben. Den belegten Hefeteig dann allerdings zugedeckt mindestens 15 Minuten an einem warmen Ort gehen lassen, bis er sich sichtbar vergrößert hat.

70 APFEL-BROWNIES 12 STÜCK

PRO STÜCK: E: 9 g, F: 45 g, Kh: 61 g, kJ: 2848, kcal: 682, BE: 5,0
ZUBEREITUNGSZEIT: 40 Minuten, ohne Abkühl- und Trockenzeit
BACKZEIT: etwa 25 Minuten

SCHOKO-FRUCHTIG

ZUM VORBEREITEN:

2 Äpfel (etwa 320 g)
200 ml Apfelsaft oder Cidre

FÜR DEN TEIG:

300 g Zartbitter-Kuvertüre (etwa 50 % Kakaoanteil)
300 g Butter oder Margarine
220 g Zucker
1 Prise Salz
4 Eier (Größe M)
100 g Weizenmehl
25 g gesiebtes Kakaopulver
2 gestr. TL Dr. Oetker Backin
100 g gehackte Walnusskerne

FÜR DEN GUSS UND ZUM GARNIEREN:

250 g Vollmilch- oder Zartbitter-Kuvertüre
180 ml Milch (1,5 % Fett)
150 g getrocknete Apfelringe

1. Zum Vorbereiten die Äpfel schälen, achteln und entkernen. Die Apfelspalten in 2 cm dicke Stücke schneiden. Apfelstücke mit Apfelsaft oder Cidre in einem kleinen Topf zugedeckt 4–5 Minuten kochen lassen. Anschließend den Topf von der Kochstelle nehmen. Die Apfelmasse abkühlen lassen.

2. Den Backofen vorheizen.
Ober-/Unterhitze: etwa 200 °C
Heißluft: etwa 180 °C

3. Für den Teig Kuvertüre in grobe Stücke hacken. Die Äpfel in ein Sieb geben, den Saft dabei auffangen und beiseitestellen. Butter oder Margarine in einem Topf zerlassen, dann von der Kochstelle nehmen. Die Kuvertürestücke unter Rühren darin schmelzen.

4. Zucker mit Salz und Eiern in einer Rührschüssel mit dem Mixer (Rührstäbe) auf höchster Stufe 3 Minuten schlagen. Das flüssige Kuvertüre-Fett kurz unterrühren.

5. Mehl mit Kakao, Backpulver und Nusskernen gut vermischen. Die Mehl-Nuss-Mischung mit einem Schneebesen unter die Kuvertüre-Ei-Masse heben. Zuletzt die Apfelstücke vorsichtig unterheben.

6. Einen Backrahmen (32 x 26 cm) auf ein Backblech (gefettet, mit Backpapier belegt) stellen. Den Teig einfüllen und glatt streichen.

7. Das Backblech in den vorgeheizten Backofen schieben. Den Apfel-Brownie-Kuchen **etwa 25 Minuten backen.**

8. Das Backblech auf einen Kuchenrost stellen. Den Apfel-Brownie-Kuchen sofort mit 50 ml von dem beiseitegestellten Saft bestreichen und erkalten lassen.

9. Für den Guss und zum Garnieren von der Kuvertüre mit einem Sparschäler 3–4 Esslöffel Kuvertürelocken abschaben und beiseitestellen. Die restliche Kuvertüre in grobe Stücke hacken.

10. Milch in einem Topf erhitzen. Den Topf von der Kochstelle nehmen und die gehackte Kuvertüre unter Rühren darin schmelzen.

11. Den Guss auf den Brownie-Kuchen geben, gleichmäßig verstreichen und mit den Apfelringen belegen. Den Guss etwa 30 Minuten im Kühlschrank trocknen lassen.

12. Den Backrahmen vorsichtig lösen und entfernen. Apfel-Brownie-Kuchen vorsichtig in Stücke schneiden und mit den Kuvertürelocken bestreuen.

72 APFELSTRUDEL-SÄCKCHEN 12 STÜCK

PRO STÜCK: E: 4 g, F: 10 g, Kh: 36 g, kJ: 1067, kcal: 254, BE: 3,0
ZUBEREITUNGSZEIT: 45 Minuten, ohne Abkühlzeit
BACKZEIT: 10–12 Minuten

DIE KNUSPERN

FÜR DIE FÜLLUNG:
1 kg Äpfel, z. B. Braeburn
180 g getrocknete Soft-Aprikosen
80 g Cashewkerne
100 g Butter
4 EL Zucker
3 EL Orangensaft
3 EL Weichweizengrieß

etwa 200 g Filo- oder Strudelteig (aus dem Kühlregal, 6 Teigblätter – je etwa 30 x 30 cm)

2 EL Puderzucker zum Bestäuben

1. Für die Füllung Äpfel schälen, vierteln und entkernen. Apfelviertel in etwa 1 ½ cm große Stücke, Aprikosen in etwa ½ cm dicke Streifen schneiden. Cashewkerne in grobe Stücke hacken.

2. Die Cashewkerne mit 30 g von der Butter sowie dem Zucker in eine Pfanne geben und unter Rühren hellbraun rösten. Anschließend Orangensaft, Apfelstücke und Aprikosenstreifen zugeben und zugedeckt 5–7 Minuten dünsten. Die Masse dabei ab und zu umrühren. Anschließend in eine Schüssel geben, den Grieß unterheben. Die Füllung etwas abkühlen lassen.

3. Den Backofen vorheizen.
Ober-/Unterhitze: etwa 200 °C
Heißluft: etwa 180 °C

4. Die restliche Butter zerlassen. Die Teigblätter in Quadrate (je 15 x 15 cm) schneiden. Jedes Teigquadrat mit etwas zerlassener Butter bestreichen.

5. Jeweils 2 Teigblätter versetzt übereinanderlegen. Die Füllung jeweils in die Mitte der Teigblätter geben. Die Ränder nach oben zu einem Säckchen zusammendrücken. Die Strudelsäckchen auf ein Backblech (mit Backpapier belegt) setzen und mit 1 Esslöffel Puderzucker bestäuben.

6. Das Backblech in den vorgeheizten Backofen (unteres Drittel) schieben. Die Strudelsäckchen **in 10–12 Minuten goldbraun backen.**

7. Das Backblech auf einen Kuchenrost stellen. Die Strudelsäckchen mit dem restlichen Puderzucker bestäuben und warm oder kalt servieren.

Tipp: Servieren Sie dazu Vanillesauce oder Schlagsahne.

74 APFELKÜCHLE 20 STÜCK

PRO STÜCK: E: 1 g, F: 4 g, Kh: 11 g, kJ: 356, kcal: 85, BE: 1,0
ZUBEREITUNGSZEIT (INKL. AUSBACKZEIT): 45 Minuten, ohne Ruhezeit

SÜSSE GRÜSSE AUS ÖSTERREICH – MIT ALKOHOL

FÜR DIE FÜLLUNG:

4 mittelgroße Äpfel (etwa 700 g)
2 EL Zitronensaft
1 TL Zucker
1 Prise gem. Zimt

FÜR DEN TEIG:

125 g Weizenmehl
1 Prise Salz
25 g Zucker
2 Eigelb (Größe M)
125 ml helles Bier
1 EL Speiseöl, z. B. Sonnenblumenöl
2 Eiweiß (Größe M)

ZUM AUSBACKEN:

etwa 1 ½ l Speiseöl, z. B. Sonnenblumenöl

ZUM WÄLZEN:

etwa 75 g Zucker
1 gestr. TL gem. Zimt

---

1. Für die Füllung Äpfel schälen und mit einem Apfelausstecher das Kerngehäuse entfernen. Äpfel in etwa 1 cm dicke Scheiben schneiden und nebeneinander auf einen großen Teller legen. Zitronensaft mit Zucker und Zimt verrühren. Die Apfelscheiben damit bestreichen und etwa 15 Minuten ziehen lassen.

2. Für den Teig in der Zwischenzeit Mehl in eine Rührschüssel geben. Salz, Zucker und Eigelb hinzufügen. Die Zutaten mit einem Mixer (Rührstäbe) verrühren. Nach und nach Bier und Speiseöl unterrühren. Den Teig etwa 15 Minuten ruhen lassen. Anschließend das Eiweiß steif schlagen und vorsichtig unter den Teig heben.

3. Das Speiseöl in einem hohen Topf oder in einer Fritteuse auf etwa 175 °C erhitzen, sodass sich um einen in das Fett gehaltenen Holzlöffelstiel Bläschen bilden.

4. Die Apfelscheiben mithilfe einer Gabel durch den Teig ziehen, etwas abtropfen lassen und portionsweise in das siedende Speiseöl geben. Die Apfelscheiben von jeder Seite 2–3 Minuten goldbraun backen.

5. Die Apfelküchle mit einem Schaumlöffel herausnehmen und auf einem mit Küchenpapier belegten Kuchenrost abtropfen lassen.

6. Zum Wälzen Zucker und Zimt in einem tiefen Teller mischen. Die heißen Apfelküchle darin wälzen und am besten warm servieren.

Tipps: Die Apfelküchle mit Vanillesauce oder -eis servieren. Sie können die Apfelküchle statt mit Zucker und Zimt auch mit Puderzucker bestäuben. Für eine Zubereitung ohne Alkohol ersetzen Sie das Bier durch die gleiche Menge Apfelsaft.

76 APFEL-ZIMT-MUFFINS 12 STÜCK

PRO STÜCK: E: 3 g, F: 13 g, Kh: 34 g, kJ: 1121, kcal: 268, BE: 3,0
ZUBEREITUNGSZEIT: 25 Minuten
BACKZEIT: etwa 25 Minuten

PERFEKT ZUM MILCHKAFFEE

ZUM VORBEREITEN:
500 g Äpfel, z. B. Boskop
2 EL Zucker
1 gestr. TL gem. Zimt

FÜR DEN TEIG:
160 g Butter (zimmerwarm)
120 g Zucker
1 Prise Salz
3 Eigelb (Größe M)
180 g Weizenmehl
1 gestr. TL Dr. Oetker Backin
3 Eiweiß (Größe M)
50 g Zucker
2 EL Zucker
1 gestr. TL gem. Zimt

AUSSERDEM:
12 Muffin-Papierbackförmchen

---

1. Eine Muffinform für 12 Muffins mit den Papierbackförmchen auslegen. Den Backofen vorheizen.
Ober-/Unterhitze: etwa 180 °C
Heißluft: etwa 160 °C

2. Zum Vorbereiten die Äpfel schälen, vierteln und entkernen. Die Apfelviertel in kleine Stücke schneiden, mit Zucker und Zimt vermischen.

3. Für den Teig die Butter mit einem Mixer (Rührstäbe) etwa 2 Minuten schaumig schlagen. Nach und nach Zucker und Salz unterrühren. Eigelb ebenfalls nach und nach unterrühren. Das Mehl mit dem Backpulver mischen und hinzugeben (noch nicht vermischen).

4. Eiweiß mit Zucker steif schlagen. Zunächst die Hälfte des Eischnees zügig unter die vorbereitete Masse rühren. Anschließend den restlichen Eischnee mit einem Teigschaber vorsichtig unterheben.

5. Den Teig in den Muffinmulden gleichmäßig verteilen. Die vorbereiteten Zimt-Äpfel auf dem Teig verteilen und etwas hineindrücken. Die Muffinform auf dem Rost in den vorgeheizten Backofen schieben. Die Apfel-Zimt-Muffins **etwa 25 Minuten backen.**

6. Die Muffins aus der Form nehmen, mit Zimt-Zucker bestreuen und erkalten lassen.

Tipp: Die Apfel-Zimt-Muffins sind besonders saftig und halten sich gut verpackt 2–3 Tage.

78 APPLE PIE COOKIES 12 STÜCK

PRO STÜCK: E: 5 g, F: 17 g, Kh: 31 g, kJ: 1262, kcal: 301, BE: 2,5
ZUBEREITUNGSZEIT: 40 Minuten, ohne Kühlzeit
BACKZEIT: 18–20 Minuten je Backblech

WÜRZIG GEFÜLLT

FÜR DEN KNETTEIG:

300 g Weizenmehl
200 g Butter oder Margarine
100 g Zucker
1 Prise Salz
1 Eigelb (Größe M)

FÜR DIE FÜLLUNG:

4 EL Sesamsamen, geschält
1 Apfel (etwa 180 g)
150 g Möhren
2 EL flüssiger Honig
2 EL Zitronensaft
5–10 g frischer Ingwer
1–2 Msp. gem. Kardamom
1 Eiweiß (Größe M)
2 EL Wasser
3 EL Milch

---

1. Für den Teig Mehl in eine Rührschüssel geben. Restliche Zutaten hinzufügen und mit einem Mixer (Knethaken) zunächst kurz auf niedrigster, dann auf höchster Stufe gut durcharbeiten. Anschließend auf einer leicht bemehlten Arbeitsfläche kurz zu einem Teig verkneten. Den Teig in Frischhaltefolie gewickelt etwa 60 Minuten in den Kühlschrank legen.

2. Für die Füllung in der Zwischenzeit 2 Esslöffel Sesamsamen in einer Pfanne ohne Fett unter Wenden goldbraun rösten und auf einen Teller geben. Den Apfel schälen, achteln und entkernen. Die Apfelachtel in 3 mm dicke Stücke schneiden. Die Möhren schälen und grob raspeln.

3. Apfelstücke mit Möhrenraspeln, Honig und Zitronensaft in einen Topf geben, zum Kochen bringen und etwa 4 Minuten kochen lassen. Anschließend die Apfel-Möhren-Füllung in ein Sieb geben, gut abtropfen lassen und in eine Schüssel umfüllen.

4. Den Ingwer schälen und fein hacken. Die Füllung mit Ingwer und Kardamom würzen. Den gerösteten Sesam unterrühren.

5. Den Backofen vorheizen.
Ober-/Unterhitze: etwa 180 °C
Heißluft: etwa 160 °C

6. Den Teig kurz durchkneten und auf der leicht bemehlten Arbeitsfläche 3–4 mm dick ausrollen. Aus dem Teig Kreise (Ø 8 ½ cm) ausstechen. Die Teigreste wieder zusammenkneten, erneut ausrollen und weitere Kreise ausstechen. Den Vorgang so oft wiederholen, bis der Teig verbraucht ist.

7. Das Eiweiß mit dem Wasser verschlagen. Die Hälfte der Teigkreise auf Backbleche (mit Backpapier belegt) legen, dabei genügend Abstand zwischen den Teigkreisen lassen. Die Kreise mit Eiweiß bepinseln. In die Mitte der Kreise ein Häufchen Füllung (je etwa 1 Esslöffel – 15 g) setzen. Die Füllung mit einem weiteren Teigkreis belegen, den Rand vorsichtig festdrücken und mit einer Gabel dekorativ eindrücken. Die Cookies mit Milch bestreichen und mit dem restlichen Sesam bestreuen.

8. Die Backbleche nacheinander (bei Heißluft zusammen) in den vorgeheizten Backofen schieben. Die Cookies in **18–20 Minuten je Backblech goldbraun backen.**

9. Die Backbleche auf Kuchenroste stellen. Die Apple Pie Cookies auf den Blechen erkalten lassen.

Tipps: Die Apple Pie Cookies können Sie in gut schließenden Dosen und kühl gestellt 2–3 Tage aufbewahren.

80 APFEL-CUPCAKES 12 STÜCK

PRO STÜCK: E: 4 g, F: 29 g, Kh: 35 g, kJ: 1734, kcal: 415, BE: 3,0
ZUBEREITUNGSZEIT: 40 Minuten, ohne Kühlzeit
BACKZEIT: etwa 30 Minuten

SO SWEET

ZUM VORBEREITEN:

1 großer Apfel (etwa 220 g)
20 g frischer Ingwer
20 g Marzipan-Rohmasse
½ gestr. TL gesiebtes Kakaopulver

FÜR DEN RÜHRTEIG:

180 g Butter oder Margarine (zimmerwarm)
160 g Zucker
3 Eier (Größe M)
180 g Weizenmehl
1 gestr. TL Dr. Oetker Backin

FÜR DAS TOPPING:

180 g Butter (zimmerwarm)
1 EL Puderzucker
140 g rotes Johannisbeergelee
50 g Crème fraîche (zimmerwarm)
12 vorbereitete Zitronenmelisseblätter
oder **12** Schoko Dekor Blätter

AUSSERDEM:

12 Muffins-Papierbackförmchen

---

1. Zum Vorbereiten Apfel schälen, vierteln, entkernen und in kleine Stücke schneiden. Ingwer schälen und fein reiben. Das Marzipan mit dem Kakao sehr gut verkneten. Aus dem Marzipan 12 Apfelstiele modellieren. Diese auf ein Stück Backpapier legen und trocknen lassen.

2. Die Mulden einer Muffinform für 12 Muffins mit den Papierbackförmchen auslegen.

3. Den Backofen vorheizen.
Ober-/Unterhitze: etwa 180 °C
Heißluft: etwa 160 °C

4. Für den Teig Butter oder Margarine mit einem Mixer (Rührstäbe) auf höchster Stufe geschmeidig rühren. Nach und nach Zucker unterrühren. So lange rühren, bis eine gebundene Masse entstanden ist.

5. Die Eier nach und nach unterrühren (jedes Ei etwa ½ Minute). Mehl mit Backpulver mischen und auf mittlerer Stufe kurz unterrühren. Zum Schluss vorsichtig die Apfelstücke unterheben.

6. Den Teig gleichmäßig in den Muffinmulden verteilen. Die Muffinform auf dem Rost in den vorgeheizten Backofen schieben. Die Cupcakes **etwa 30 Minuten backen.**

7. Die Muffinform auf einen Kuchenrost stellen. Cupcakes nach etwa 5 Minuten aus der Form lösen und auf dem Kuchenrost erkalten lassen.

8. Für das Topping die sehr weiche Butter und den Puderzucker mit einem Mixer (Rührstäbe) zunächst kurz auf niedrigster, dann auf höchster Stufe etwa 4 Minuten schaumig schlagen. Das Johannisbeergelee esslöffelweise unterrühren. Zuletzt die Crème fraîche kurz unterschlagen.

9. Das Topping mit einem Esslöffel oder einer kleinen Palette kuppelförmig auf die Cupcakes streichen. Den Marzipan-Stiel in die Mitte stecken und mit einem abgespülten, trocken getupften Zitronenmelisseblatt oder einem Schokoblatt garnieren.

82 BLÄTTRIGE APFELTÖRTCHEN 4 STÜCK

PRO STÜCK: E: 2 g, F: 12 g, Kh: 40 g, kJ: 1183, kcal: 283, BE: 3,0
ZUBEREITUNGSZEIT: 20 Minuten, ohne Auftau- und Abkühlzeit
BACKZEIT: etwa 12 Minuten

DESSERTGEEIGNET – MIT WEIN

2 TK-Blätterteigplatten (je etwa 75 g)

FÜR DEN BELAG:
400 g Äpfel, z. B. Boskop
½ Vanilleschote
50 ml Weißwein
50 g Zucker
1 kleiner Apfel, z. B. Boskop
20 g Butter
1 EL Puderzucker

---

1. Die Blätterteigplatten nebeneinander nach Packungsanleitung auftauen lassen.

2. Äpfel schälen, vierteln und entkernen. Apfelviertel in Stücke schneiden. Vanilleschote längs aufschneiden und das Mark mit einem Messerrücken herausschaben.

3. Wein mit Zucker, Vanilleschote und -mark in einem Topf zum Kochen bringen. Die Apfelstücke hinzugeben und bei mittlerer Hitze weich kochen. Das Apfelkompott etwas abkühlen lassen.

4. Den Backofen vorheizen.
Ober-/Unterhitze: etwa 200 °C
Heißluft: etwa 180 °C

5. Jede Blätterteigplatte auf einer leicht bemehlten Arbeitsfläche zu einem Rechteck (etwa 11 x 22 cm) ausrollen. Aus jedem Teigrechteck 2 runde Platten (Ø etwa 11 cm) ausschneiden. Die Teigkreise auf ein Backblech (mit Backpapier belegt) legen.

6. Das Apfelkompott bergförmig in die Mitte der einzelnen Teigkreise geben, dabei rundherum einen etwa 2 cm breiten Rand frei lassen.

7. Den Apfel schälen, vierteln und entkernen. Die Apfelviertel in dünne Spalten schneiden und dachziegelartig auf das Apfelkompott legen, sodass eine Kuppel entsteht.

8. Die Butter zerlassen. Die Apfelspalten damit beträufeln und mit etwas Puderzucker bestäuben. Das Backblech in den vorgeheizten Backofen schieben. Die Apfeltörtchen **etwa 12 Minuten backen.**

9. Apfeltörtchen mit dem Backpapier vom Backblech auf einen Kuchenrost ziehen und erkalten lassen. Dann mit dem restlichen Puderzucker bestäuben und servieren.

Tipp: Die Apfeltörtchen lassen sich sehr gut vorbereiten. Sie können sie ungebacken einfrieren und nach Bedarf aus dem Gefrierschrank nehmen, etwa 60 Minuten antauen lassen und wie im Rezept beschrieben fertig backen.

84 APFELKUCHEN AUS DEM GLAS 8–10 STÜCK

PRO GLAS: E: 5 g, F: 13 g, Kh: 40 g, kJ: 1241, kcal: 297, BE: 3,5
ZUBEREITUNGSZEIT: 25 Minuten
BACKZEIT: 30–40 Minuten

LÖFFELWEISE KUCHENGLÜCK

ZUM VORBEREITEN:

2 Äpfel
2 EL Zitronensaft

FÜR DEN TEIG:

250 g Weizenmehl
3 gestr. TL Dr. Oetker Backin
125 g Zucker
1 Pck. Dr. Oetker Vanillin-Zucker
2 Eier (Größe M)
75 ml Speiseöl, z. B. Sonnenblumenöl
125 ml Buttermilch

AUSSERDEM:

10 Sturz-Form-Gläser (je 160 ml Inhalt) oder
8 Sturz-Form-Gläser (je 250 ml Inhalt) mit passenden Gummiringen und Klammern

Semmelbrösel zum Ausstreuen der Gläser

1. Zum Vorbereiten die Äpfel schälen, vierteln und entkernen. Apfelviertel grob raspeln und mit Zitronensaft vermischen.

2. Den Backofen vorheizen.
Ober-/Unterhitze: etwa 180 °C
Heißluft: etwa 160 °C

3. Für den Teig Mehl mit Backpulver in einer Rührschüssel mischen. Restliche Zutaten hinzufügen und mit einem Mixer (Knethaken) zunächst kurz auf niedrigster, dann auf höchster Stufe zu einem glatten Teig verarbeiten. Die Apfelraspel unter den Teig heben.

4. Den Teig in 10 bzw. 8 Gläser (gefettet, mit Semmelbröseln ausgestreut) füllen. Dabei darauf achten, dass die Gläser maximal bis zu zwei Dritteln mit Teig gefüllt sind. Die Ränder der Gläser säubern. Den Rost in den vorgeheizten Backofen (Mitte) schieben. Die Gläser auf den Rost stellen. Die Apfelkuchen **30–40 Minuten backen.**

5. Nach dem Backen ein Glas mit Topflappen aus dem Backofen nehmen und verschließen. Dazu den vorbereiteten feuchten Gummiring auf die Innenseite eines Glasdeckels legen. Das Glas sofort mit dem Deckel und 4 Klammern verschließen. Restliche Gläser auf die gleiche Weise verschließen. Nach jedem Glas, das aus dem Backofen genommen wird, den Backofen wieder schließen.

6. Die Gläser auf einen Kuchenrost stellen und vollständig erkalten lassen (am besten über Nacht). Dann die Klammern lösen und die Gläser kühl gestellt aufbewahren.

Tipps: In den Gläsern halten sich die Apfelkuchen etwa 1 Monat. Dazu schmeckt geschlagene Sahne.

86 APFEL-WHOPPIES 10 STÜCK

PRO STÜCK: E: 4 g, F: 20 g, Kh: 38 g, kJ: 1479, kcal: 353, BE: 3,0
ZUBEREITUNGSZEIT: 40 Minuten, ohne Abkühlzeit
BACKZEIT: etwa 10 Minuten je Backblech

AUF DIE HAND

ZUM VORBEREITEN:

1–2 Äpfel (300 g)
80 g Extra Gelierzucker (2:1)
3 TL Zitronensaft

FÜR DEN TEIG:

120 g Butter (zimmerwarm)
80 g Zucker
1 Prise Salz
2 Eier (Größe M)
120 g Weizenmehl
3 gestr. TL Dr. Oetker Backin
1 Pck. Gala Bourbon-Vanille-Pudding-Pulver
80 g Haselnuss-Krokant
3 EL Milch

FÜR DIE FÜLLUNG:

200 g Mascarpone (ital. Frischkäse)

---

1. Zum Vorbereiten Äpfel schälen, vierteln und entkernen. Apfelviertel in etwa 7 mm große Würfel schneiden. Die Äpfelwürfel mit dem Gelierzucker und dem Zitronensaft in einem Topf gut vermischen. Die Zutaten zum Kochen bringen und unter Rühren etwa 5 Minuten kochen lassen. Die Apfelmasse in eine Schüssel geben und erkalten lassen.

2. In der Zwischenzeit den Backofen vorheizen.
Ober-/Unterhitze: etwa 200 °C
Heißluft: etwa 180 °C

3. Für den Teig sehr weiche Butter, Zucker und Salz in einer Rührschüssel mit einem Mixer (Rührstäbe) auf höchster Stufe 4 Minuten schaumig schlagen. Eier nach und nach unterrühren (jedes Ei etwa ½ Minute).

4. Mehl mit Backpulver und Pudding-Pulver sowie 60 g Krokant gut vermischen. Die Mehlmischung unter die Buttermasse heben. Den Teig in einen Spritzbeutel mit großer Lochtülle (Ø 1 ½ cm) geben. 20 Teighäufchen (Ø je 5 cm) auf zwei Backbleche (mit Backpapier belegt) spritzen. Die Teighäufchen mit dem restlichen Krokant bestreuen.

5. Die Backbleche nacheinander (bei Heißluft zusammen) in den vorgeheizten Backofen schieben. Die Whoopies **etwa 10 Minuten je Backblech backen.**

6. Die Whoopies mit dem Backpapier von den Backblechen auf Kuchenroste ziehen und erkalten lassen.

7. Für die Füllung den Mascarpone kurz glatt rühren. Die vorbereitete Apfelmasse unterheben. Die Apfel-Mascarpone-Creme mit einem Teigschaber so lange rühren, bis sie anfängt dicklich zu werden. Die Füllung mit einem Löffel auf der Rückseite von 10 Whoopies verteilen. Die restlichen Whoopies daraufsetzen und leicht andrücken. Die Whoopies zugedeckt etwa 30 Minuten in den Kühlschrank stellen.

Tipp: Im Kühlschrank können Sie die Apfel-Whoopies 1–2 Tage aufbewahren.

88 CAKEPOPS MIT APFEL 24 STÜCK

PRO STÜCK: E: 3 g, F: 18 g, Kh: 26 g, kJ: 1155, kcal: 276, BE: 2,0
ZUBEREITUNGSZEIT: 90 Minuten, ohne Abkühlzeit
BACKZEIT: etwa 20 Minuten

STATT BLUMEN

FÜR DEN TEIG:

1 Apfel (200 g)
150 g Butter oder Margarine (zimmerwarm)
120 g Zucker
1 Prise Salz
3 Eier (Größe M)
120 g Weizenmehl
50 g gem. Mandeln
1 gestr. TL Dr. Oetker Backin
1 Msp. gem. Zimt

FÜR DIE CREME:

½ Pck. Dr. Oetker Pudding-Pulver Vanille-Geschmack (20 g)
1 gestr. EL Zucker
200 ml Apfelsaft
100 g Butter
1 EL Puderzucker

FÜR DEN GUSS:

400 g weiße Schokolade
30 g Pflanzenfett (zum Braten, Frittieren und Kochen)
2 EL Speiseöl, z. B. Sonnenblumenöl

ZUM GARNIEREN:

5 EL rosa Zuckerkristalle
24 Esspapierblüten

AUSSERDEM:

24 Lollistiele, **etwas** Styropor

1. Für den Teig den Apfel schälen, vierteln, entkernen und in sehr kleine Stücke schneiden.

2. Den Backofen vorheizen.
Ober-/Unterhitze: etwa 200 °C
Heißluft: etwa 180 °C

3. Die sehr weiche Butter oder Margarine mit Zucker und Salz in einer Rührschüssel mit dem Mixer (Rührstäbe) auf höchster Stufe 5 Minuten schlagen. Nach und nach die Eier unterrühren (jedes Ei etwa ½ Minute). Dann die Apfelstücke unterheben.

4. Mehl mit Mandeln, Backpulver und Zimt gut vermischen. Die Mehlmischung mit einem Schneebesen unter die Butter-Eier-Masse heben. Den Teig in eine Springform (Ø 26 cm, Boden gefettet, mit Backpapier belegt) geben und glatt streichen. Die Form auf dem Rost in den vorgeheizten Backofen schieben. Den Apfelkuchen **etwa 20 Minuten backen.**

5. Die Form auf einen Kuchenrost stellen. Den Apfelkuchen erkalten lassen.

6. Für die Creme aus Pudding-Pulver, Zucker und Apfelsaft einen Pudding nach Packungsanleitung – aber mit den hier angegebenen Zutaten und Mengen – zubereiten. Den Pudding in eine Schüssel geben. Frischhaltefolie direkt auf die Puddingoberfläche legen. Den Pudding zimmerwarm abkühlen lassen.

7. Die Butter mit dem Puderzucker cremig aufschlagen. Den vorbereiteten Pudding esslöffelweise unterrühren, dabei darauf achten, dass Butter und Pudding die gleiche Temperatur haben, da die Creme sonst gerinnt.

8. Den Kuchen aus der Form lösen und in einer Rührschüssel mit den Händen zerbröseln. Die Kuchenbrösel mit der Buttercreme mit dem Mixer (Knethaken) auf niedrigster Stufe so lange verkneten, bis sich die Brösel mit der Creme verbunden haben. Die Pudding-Brösel-Masse zu Kugeln rollen (je etwa 40 g) und auf ein Backblech (mit Backpapier belegt) legen.

9. Für den Guss Schokolade und Pflanzenfett grob hacken und mit dem Öl in einem Topf im Wasserbad bei schwacher Hitze unter Rühren schmelzen. Die Lollystiele 3–4 cm tief in die Schokolade tauchen, dann in die Teigkugeln stecken. Die Cakepops **30 Minuten in den Kühlschrank stellen.**

10. Die Schokolade nochmals wie beschrieben im warmen Wasserbad erwärmen. Die Cakepops an den Stielen in die Schokolade tauchen, etwas abtropfen lassen und mit den Zuckerkristallen bestreuen. Dann mit den Stielen in das Styroporstück stecken. Sobald die Schokolade fast vollständig getrocknet ist, jeweils eine Esspapierblüte vorsichtig andrücken. Die Schokolade trocknen lassen.

Tipps: Sie können die Cakepops auch mit Raspelschokolade garnieren. Dafür etwas Raspelschokolade auf ein Backblech streuen und die Cakepops (nach dem Tauchen in die Schokolade) umgedreht daraufsetzen und mit weiteren Schokoraspeln bestreuen. Anschließend die Schokolade trocknen lassen.
Überziehen Sie die Cakepops mit Zartbitter-Schokolade.
Die Cakepops halten sich in Frischhaltefolie gewickelt im Kühlschrank etwa 2–3 Tage.

90 MACARONS 18 STÜCK

PRO STÜCK: E: 3 g, F: 10 g, Kh: 14 g, kJ: 672, kcal: 161, BE: 1,0
ZUBEREITUNGSZEIT: 60 Minuten, ohne Ruhe- und Abkühlzeit
TROCKEN- BZW. BACKZEIT: etwa 27 Minuten

KINDERSPASS

FÜR DIE MANDEL-BAISER-MASSE:

120 g abgezogene, gem. Mandeln
2 Eiweiß (Größe M)
1 Prise Salz
160 g Puderzucker

einige Tropfen grüne Speisefarbe

FÜR DIE FÜLLUNG:

100 g Butter (zimmerwarm)
2 EL Puderzucker
100 g Apfelmark (aus dem Glas)

ZUM GARNIEREN:

100 g Marzipan-Rohmasse
etwas rote und grüne Speisefarbe
1–2 gestr. TL gesiebtes Kakaopulver

etwas Puderzucker zum Ausrollen

---

1. Für die Mandel-Baiser-Masse die Mandeln in einem Blitzhacker noch etwas feiner mahlen.

2. Den Backofen vorheizen.
Heißluft: etwa 70 °C
(Ober-/Unterhitze nicht empfehlenswert!)

3. Eiweiß mit Salz mit einem Mixer (Rührstäbe) auf höchster Stufe steif schlagen. Der Schnee muss so fest sein, dass ein Messerschnitt sichtbar bleibt. Nach und nach den Puderzucker unterschlagen und so lange schlagen, bis der Eischnee stark glänzt. So viel grüne Speisefarbe zugeben, bis die gewünschte Farbintensität erreicht ist. Die Mandeln mit einem Teigschaber vorsichtig unter den Eischnee heben.

4. Die Mandel-Baiser-Masse in einen Spritzbeutel mit Lochtülle (Ø 1–1 ½ cm) füllen und als Tupfen (Ø etwa 4 ½ cm) auf Backbleche (gefettet, mit Backpapier belegt und dünn mit Butter bestrichen) spritzen. Dabei genügend Abstand zwischen den Tupfen lassen.

5. Die Backbleche zusammen in den vorgeheizten Backofen schieben. Die Macarons zunächst **12 Minuten trocknen.**

6. Anschließend die **Backofentemperatur auf etwa 120 °C erhöhen.** Die Macarons **weitere 15 Minuten backen.** Die Backbleche auf Kuchenroste stellen. Die Macarons auf den Backblechen erkalten lassen.

7. Für die Füllung die sehr weiche Butter und den Puderzucker mit dem Mixer (Rührstäbe) auf höchster Stufe 3–4 Minuten schaumig schlagen. Apfelmark löffelweise zugeben und dabei weiterschlagen. Die Creme in einen Gefrierbeutel geben und eine kleine Ecke abschneiden. Die Hälfte der Macarons auf der Unterseite mit der Füllung bespritzen. Restliche Macarons daraufsetzen und leicht andrücken.

8. Zum Garnieren Marzipan in 2 gleich große Portionen teilen. Eine Portion mit Kakao verkneten, die andere Portion nochmals halbieren und je zur Hälfte rot und grün einfärben. Aus dem braunen Marzipan Stiele und Würmer modellieren, aus dem grünen Blätter formen. Rotes Marzipan auf einer leicht mit Puderzucker bestäubten Arbeitsfläche ausrollen und Herzen ausstechen. Macarons mit den Herzen, Würmern, Blättern und Stielen garnieren.

Tipps: Sie können die Macarons ungefüllt in einer gut schließenden Dose etwa 1 Woche aufbewahren. Gefüllt sollten sie innerhalb von etwa 12 Stunden verzehrt werden.

ALLGEMEINE HINWEISE

ABKÜRZUNGEN

EL	=	Esslöffel
TL	=	Teelöffel
Msp.	=	Messerspitze
Pck.	=	Packung/Päckchen
g	=	Gramm
kg	=	Kilogramm
ml	=	Milliliter
l	=	Liter
evtl.	=	eventuell
geh.	=	gehäuft
gem.	=	gemahlen
ger.	=	gerieben
gestr.	=	gestrichen
TK	=	Tiefkühlprodukt
°C	=	Grad Celsius
Ø	=	Durchmesser

KALORIEN-/NÄHRWERT-ANGABEN

E	=	Eiweiß
F	=	Fett
Kh	=	Kohlenhydrate
kcal	=	Kilokalorien
kJ	=	Kilojoule
BE	=	Broteinheiten

Bei den Nährwertangaben in den Rezepten handelt es sich um auf- bzw. abgerundete ganze Werte. Lediglich die Broteinheiten werden in 0,5er-Schritten mit einer Stelle nach dem Komma angegeben.
Aufgrund von ständigen Rohstoffschwankungen und/oder Rezepturveränderungen bei Lebensmitteln kann es zu Abweichungen kommen. Die Nährwertangaben dienen daher lediglich Ihrer Orientierung und eignen sich nur bedingt für die Berechnung eines Diätplans, zum Beispiel bei Krankheiten wie Diabetes. Bei krankheitsbedingten Diäten richten Sie sich daher bitte nach den Anweisungen Ihres Diätassistenten bzw. Ihres Arztes.

ALLGEMEINE HINWEISE ZU DEN REZEPTEN

Lesen Sie bitte vor der Zubereitung – besser noch vor dem Einkaufen – das Rezept einmal vollständig durch. Oft werden Arbeitsabläufe oder -zusammenhänge dann klarer.

ZUTATENLISTE

Die Zutaten sind in der Reihenfolge ihrer Verarbeitung aufgeführt.

ARBEITSSCHRITTE

Die Arbeitsschritte sind einzeln hervorgehoben, in der Reihenfolge, in der sie von uns ausprobiert wurden.

ZUBEREITUNGSZEITEN

Die Zubereitungszeit ist ein Anhaltswert für die Dauer der Vorbereitung und die eigentliche Zubereitung. Längere Wartezeiten wie Kühl- oder Abkühlzeiten, Auftau- und Durchziehzeiten sind, sofern parallel keine weitere Tätigkeit erfolgt, nicht in der Zubereitungszeit enthalten. Die Backzeiten werden gesondert ausgewiesen.

BACKOFENEINSTELLUNG UND BACKZEITEN

Die in den Rezepten angegebenen Backtemperaturen und -zeiten sind Richtwerte, die je nach individueller Hitzeleistung Ihres Backofens über- oder unterschritten werden können. Machen Sie nach Beendigung der angegebenen Backzeit eine Garprobe. Die Temperaturangaben in diesem Buch beziehen sich auf Elektrobacköfen. Die Temperatureinstellungsmöglichkeiten für Gasbacköfen variieren je nach Hersteller, sodass wir keine allgemeingültigen Angaben machen können. Bitte beachten Sie deshalb bei der Einstellung des Backofens die Gebrauchsanleitung des Herstellers. Ein Backofenthermometer eignet sich dabei gut, um die Backofentemperatur im Blick zu haben.

EINSCHUBHÖHE

Hohe und halbhohe Formen werden im Allgemeinen auf dem Rost auf die untere Einschubleiste geschoben, flache Formen auf die mittlere Einschubleiste. Blechkuchen, Kleingebäck und Eiweißgebäck gelingen am besten in der Mitte des Backofens. Abweichungen sind möglich und von der Ausführung Ihres Backofens abhängig. Beachten Sie daher auch die Angaben Ihres Herstellers.

NUR FRISCHE EIER VERWENDEN

Bei der Zubereitung von Torten oder Tortenfüllungen mit frischen Eiern, sie später nicht mitgebacken werden, nur Eier verwenden, die nicht älter als 5 Tage sind (Legedatum beachten!). Ei bzw. Eier in eine Rühr- oder Edelstahlschüssel geben und im heißen Wasserbad mit einem Mixer (Rührstäbe) bei mittlerer Hitze aufschlagen, bis eine Temperatur von etwa 70 °C entstanden ist. Die Torte im Kühlschrank aufbewahren und innerhalb von 24 Stunden verzehren.

Versuch macht klug!
Selbst mitmachen und die Dr. Oetker Versuchsküche live erleben – heißt es in Bielefeld. Dort finden regelmäßig Seminare und Vorführungen statt, bei denen den Profis der Versuchsküche über die Schulter geschaut und selbst Hand angelegt werden kann.
Es gibt wertvolle Tipps und so manch raffinierter Trick wird verraten. Zum Abschluss kann das Selbstgemachte in gemütlicher Runde probiert werden. Erleben Sie einen schönen Tag in der Dr. Oetker Versuchsküche.
Wir freuen uns auf Sie.
Alle Infos unter www.oetker.de oder unter 00800 71 72 73 74 (gebührenfrei in Deutschland).
Dr.Oetker
Dr.Oetker
Qualität ist das beste Rezept.

KAPITELREGISTER

AUS DER FORM

VOM BLECH

KLEINGEBÄCK

ALPHABETISCHES REGISTER

Umwelthinweis: Dieses Buch und der Einband wurden auf chlorfrei gebleichtem Papier gedruckt. Die Einschrumpffolie – zum Schutz vor Verschmutzung – ist aus umweltfreundlichem und recyclingfähigem PE-Material.

Redaktion: Christina Langner

Titelfoto: Thomas Diercks, Hamburg

Innenfotos: Anke Politt, Hamburg (S. 6, 10/11, 17–19, 22–33, 37–43, 46/47, 54/55, 60–63, 70–73, 78–81, 86–91)
Walter Cimbal, Hamburg (S. 4/5, 9, 21, 58/59, 67, 74–77, 83)
Thomas Diercks, Hamburg (S. 13, 34, 44/45, 48–52, 57, 64/65, 85)
Antje Plewinski, Berlin (S. 14/15, 68/69)

Rezeptentwicklung und Foodstyling: Christine Bergmayer, Hamburg

Nährwertberechnungen: Nutri Service, Hennef

Grafisches Konzept, Satz und Titelgestaltung: kontur:design, Bielefeld

Reproduktionen: Mohn Media Mohndruck GmbH, Gütersloh

Druck und Bindung: Firmengruppe APPL, aprinta Druck, Wemding

ISBN: 978-3-7670-0796-3